Vous êtes comme des dieux

Du même auteur

Paroles pour Marie, Droguet et Ardant, 1978.
Guide des relations extérieures d'une communauté chrétienne, Le Centurion, 1979.
Théo (en collaboration), Droguet et Ardant/Fayard, 1989.
Rencontres (en collaboration), Droguet et Ardant, 1989.
Se battre avec Dieu, Cana, 1991.
Fidélité (en collaboration), 1993.
Il a fait de nous un peuple (avec Jean-Michel Merlin), Nouvelle Cité, 1994.
Ministre de la paix, Cerf, 1995.
Chemin faisant, l'Église, Cerf, 1996.
L'œcuménisme, Droguet et Ardant, 1999.
Être chrétien aujourd'hui, Pygmalion, 2001.
Marie, Mame, 2002.
Les Femmes, Plon, 2002, 2007.
Guide pour préparer votre mariage, Droguet et Ardant, 2003.
Guide pour prier, Droguet et Ardant, 2003.
La Guerre, Fleurus, 2003.
L'Eucharistie, Desclée de Brouwer, 2005.
Les Voyageurs de l'espérance, Bayard, 2005.
Prier le Notre Père, Desclée de Brouwer, 2007.
Prier le Credo, Desclée de Brouwer, 2008.
Choisis donc la vie ! Prier les dix commandements, Desclée de Brouwer, 2009.
Qui pourra nous séparer ? Lecture spirituelle de la lettre de saint Paul aux Romains, Desclée de Brouwer, 2010.
C'est là que je te rencontrerai. Propos sur les sacrements, Desclée de Brouwer, 2011.

Mgr Michel Dubost

Vous êtes comme des dieux

Desclée de Brouwer

Sauf mention contraire, l'auteur cite la traduction liturgique de la Bible, © AELF

www.ddbeditions.com

10, rue Mercœur, 75011 Paris
ISBN : 978-2-220-06407-9

Avant-propos

Ce livre part d'une double constatation : l'homme d'aujourd'hui a une immense soif de dignité, de respect et, par ailleurs, il ne sait plus dire Dieu. D'un côté une frustration, de l'autre une incapacité. Ma conviction est simple : tant que l'homme ne se respecte pas et n'est pas respecté, il est impossible de dire Dieu en vérité. Tant que Dieu n'est pas recherché, il est impossible de respecter l'homme totalement. Ce livre se veut modeste : en partant de quelques pages d'Écriture, il veut tenter d'explorer ce que l'homme peut dire de Dieu et ce que Dieu dit de l'homme. L'Écriture affirme que l'homme est à l'image d'un Dieu Trinité, qui est Père et Créateur, Fils qui fait connaître le Père en lui obéissant, et Esprit. Un Esprit de vérité, de communion et de fidélité. Que peuvent vouloir dire ces expressions aujourd'hui ? Peuvent-elles aider à trouver un chemin pour sortir du marasme ? Je le pense.

Et, lorsque le Psaume repris par Jésus affirme : *Vous êtes comme des dieux*, il fait davantage que permettre de sortir du marasme. Il donne des perspectives.

Introduction

Vous êtes comme des dieux ! Tout, dans ces mots, est problématique. Aujourd'hui, beaucoup d'hommes et de femmes ne croient pas en Dieu ; ils ne s'y opposent pas. Simplement, la question de son existence ne se pose pas. Être à l'image de quelqu'un qui n'existe pas n'a pas de sens et ne peut fonder leur dignité humaine.

Mais l'incongruité de la formule existe aussi pour ceux qui croient en Dieu. Être comme Dieu, vous n'y pensez pas ! Et puis, est-ce un but valable ? J'aime mieux être moi-même ! Il est plus intéressant de se définir soi-même que d'entrer dans un cadre posé de l'extérieur. Personne ne peut dire ce que nous sommes ! Et encore moins que nous sommes comme des dieux !

Et pourtant, la parole *Vous êtes comme des dieux* est biblique, et j'aimerais la laisser nous parcourir, nous travailler. À mon sens, elle permet de se connaître soi-même et d'avancer dans la connaissance de Dieu.

Les théologiens disent que l'essence du péché est de se faire l'égal de Dieu. Il est hors de question de le nier. Mais il me semble que le péché contre l'Esprit serait de refuser d'être divinisé gratuitement grâce à Jésus, avec lui, et en lui, avec tous les chrétiens. *Et revêtez l'homme nouveau, celui que le Créateur refait toujours neuf à son image pour le conduire à la vraie connaissance* (Col 3,10).

En effet, nous pouvons, en nous connaissant, avancer dans la connaissance de Dieu et réciproquement. L'image sert à voir le modèle, et le modèle à comprendre l'image ! On ne peut connaître Dieu sans se connaître soi-même ni se connaître sans s'ouvrir (d'une certaine manière) à Dieu.

Si le psaume n'hésite pas à nous faire chanter : *Vous êtes des dieux, des fils du Très-Haut, vous tous* (Ps 81-82,6), le Nouveau Testament expose de long en large notre appartenance au Royaume, non comme serviteurs mais au moins comme amis de Dieu, comme fils, comme héritiers. *Sois sans crainte, petit troupeau, car votre Père a trouvé bon de vous donner le Royaume* (Lc 12,32).

À chaque messe, le prêtre ajoute une goutte d'eau au vin du calice en disant : *Comme cette eau se mêle au vin pour le sacrement de l'Alliance, puissions-nous être unis à la divinité de celui qui a pris notre humanité.* Vous êtres des dieux, vous allez partager la divinité du Fils, vous êtes le corps du Christ ressuscité : toutes ces affirmations semblent être sympathiques, certes, mais elles ne sont pas très crédibles aujourd'hui et, finalement, beaucoup mènent une vie spirituelle sans y prêter une véritable attention. Les Pères de l'Église n'ont pourtant pas cessé de méditer sur ce thème :

> *Tu dois savoir d'où vient pour toi l'existence, le souffle, l'intelligence et, ce qu'il y a de plus précieux, la connaissance de*

> *Dieu ; l'espérance du Royaume des cieux, et celle de contempler la gloire que tu vois aujourd'hui de manière obscure, comme dans un miroir, mais que tu verras demain dans toute sa pureté et son éclat. D'où vient que tu sois fils de Dieu, héritier avec le Christ et, j'oserai le dire, que tu sois toi-même un dieu ? D'où vient tout cela, et par qui ?*
>
> Grégoire de Naziance, *Homélie sur l'amour des pauvres*

Très nettement, notre époque est plutôt celle du samedi saint. Du silence. Dans ce silence, nous entendons bien les promesses d'une nouvelle vie, mais nous ne voyons pas comment elle peut embrayer sur notre réalité. Nous avons l'impression de vivre un temps où les mots n'ont pas vraiment de sens et nous attendons nous ne savons pas très bien quoi, en nous efforçant de ne pas trop en attendre pour être raisonnables. Nous n'arrivons à penser ni ce qu'est Dieu, ni ce qu'est le monde, ni, à vrai dire, ce que nous sommes. Comme les apôtres le samedi saint, nous restons rassemblés, mais nous avons du mal quelquefois à croire à l'avenir de l'Église et peut-être même à celui de l'humanité.

Tout ce livre n'a qu'un but : faire entrer dans la joie de Pâques !

Oser la conversion

Seigneur, tu as voulu que ton Verbe prît chair dans le sein de la Vierge Marie ; puisque nous reconnaissons en lui notre Rédempteur, à la fois homme et Dieu, accorde-nous d'être participants de sa nature divine.

Oraison de l'Annonciation du Seigneur

Nous sommes appelés à vivre dans l'intimité de Dieu de cette vie « éternelle » qui se manifeste en Jésus ressuscité. Certes, notre nature est mortelle, mais, si l'Évangile dit vrai, elle est capable d'être « divinisée ». Ce qui m'intéresse ici est de trouver ce qui rend capable d'accueillir le don de la vie. Notre démarche peut s'inspirer du récit des pèlerins d'Emmaüs (Lc 24,13-35). Ce texte a tellement été commenté que je ne prétends pas apporter du nouveau, mais simplement inviter à se joindre à ces deux disciples dans les différentes étapes de leur itinéraire spirituel.

Le retrait

Les deux disciples fuient. Peut-être cependant ne se l'avouent-ils pas puisqu'ils se sont donné Emmaüs comme but. Pourtant, leur discours trahit leur intention profonde. Ils analysent l'événement de la mort du Christ en termes politiques, en termes de rapport de force, et ils pensent que ce rapport de force a tourné à l'échec. Ils fuient ce dernier. Ils pensaient Jésus « puissant » mais le gouvernement, la société actuelle ont été plus puissants, donc leur combat est terminé. Ont-ils peur de la mort ? C'est probable ! Ils sont anéantis moralement et ils ont peur d'un anéantissement physique. Ce ne sont pas des résistants. Je ne sais pas pourquoi, mais ils me semblent humainement à l'opposé d'Etty Hillesum.

> *L'éventualité de la mort est intégrée à ma vie ; regarder la mort en face et accepter cette mort, cet anéantissement, toute forme d'anéantissement, comme partie intégrante de la vie, c'est élargir cette vie. À l'inverse, sacrifier dès maintenant à la mort un morceau de cette vie, par peur de la mort et refus de l'accepter, c'est le meilleur moyen […] de ne garder qu'un pauvre petit bout de vie mutilée, méritant à peine le nom de vie. Cela peut paraître presque paradoxal : en excluant la mort de sa vie, on se prive d'une vie complète, et en l'y accueillant, on élargit et on enrichit sa vie.*
>
> Etty Hillesum,
> *Les écrits, journaux et lettres*, 3 juillet 1942

Soyons clairs, ils sont si enfermés dans leur manière sombre de se regarder et de regarder la vie qu'ils semblent avoir perdu tout espoir. Le négatif de l'espérance est l'enfermement dans une sorte de prison où tout rêve est interdit. Ne restent que les préoccupations et la fatigue.

Le scepticisme

Évidemment, pour nous, la tristesse qu'ils manifestent est d'autant plus impressionnante qu'ils ont connu Jésus : ce sont des disciples, ils l'ont aimé, ils en parlent, ils ont entendu les témoins de la Résurrection, mais cela n'a pas embrayé dans leur vie.

Nous nous sentons mille fois plus défavorisés qu'eux et, pourtant, nous sommes obligés de constater que, pour eux, le courant n'est pas passé. Pourquoi n'arrivent-ils pas à croire ? Qu'est-ce qui bloque ? Les femmes allant au tombeau pour achever la toilette funéraire de Jésus savaient ce qui pouvait les arrêter et se demandaient : « Qui nous roulera la pierre ? » Mais eux ne savent même pas quelle est la pierre qui les empêche d'accéder à la foi. Ils ne savent pas ce qui peut leur ouvrir les yeux. Si nous sommes chrétiens, nous avons un avantage par rapport à eux, nous pouvons être conscients d'être en difficulté, et alors demander au Seigneur de rouler la pierre qui nous empêche d'accéder à lui.

La rencontre

Pour les disciples d'Emmaüs cette rencontre est imprévue. Au sens strict, inespérée. Certes, lorsque l'on sort de chez soi, tout peut arriver, et nous avons tous expérimenté des confrontations avec des événements qui ont surgi dans nos vies sans que nous les ayons prévus.

Comment y avons-nous réagi ? Cela dépend ! Souvent, quand ils n'interviennent pas de manière brutale et affolante (la peur rend mauvais), les événements font surgir de nous des forces et des capacités que nous ne soupçonnions pas. Et quelquefois, les événements nous arrachent à la médiocrité pour faire surgir le meilleur de nous-mêmes. Il peut en être de même d'une lecture, d'une rencontre, etc. Si la rencontre était imprévue pour les disciples, elle a été voulue par Jésus. Pourquoi ces disciples, pourquoi cette route, pourquoi cette rencontre ? Je n'en sais rien ! Je ne peux pas répondre à ces questions ! Mais je suis sûr que Jésus ressuscité peut se servir des événements de la vie, des ruptures, voire des difficultés et des deuils, pour permettre de le rencontrer avec le meilleur de nous-mêmes.

La route

Tout à l'heure, ils fuyaient. Maintenant, ils marchent avec quelqu'un et parcourent une route. Sans aucun doute, ils avancent apparemment dans la même direction que lorsqu'ils étaient désemparés. Mais regardez-les : en discutant, ils s'arrêtent quand Jésus leur pose une question et ils repartent et ce n'est plus tout à fait la même atmosphère : ils sont « pris » par la rencontre et donc, ils sont sortis d'eux-mêmes.

À notre époque, la route, le pèlerinage, l'itinérance sont des thèmes récurrents : notre monde connaît tant de transformations qu'il nous est obligatoire de quitter un monde pour entrer dans un nouveau monde. La route est celle de la recherche du sens. L'Église, elle, a l'habitude des voyages ! Les convertis des premiers siècles, les pèlerins, les prédicateurs, les missionnaires sont autant de figures du voyageur qu'est le croyant fils d'Abraham, lui qui avait quitté son pays pour aller vers un lieu où il n'est jamais arrivé. Sans qu'ils s'en soient doutés, les pèlerins d'Emmaüs sont les premiers à avoir vécu l'expérience du Christ comme chemin.

L'écoute de l'Écriture

Car, sur cette route, Jésus se fait conversation : *Commençant par Moïse et tous les prophètes, il leur expliqua dans toutes les Écritures ce qui le concernait*. Pour comprendre cette leçon, il faut entendre le Christ dire : *Esprits sans intelligence, cœurs lents à croire tout ce qu'ont déclaré les prophètes.* Cette phrase invite à relire, revivre les expériences qu'ils ont vécues et à avoir l'intelligence d'en comprendre le sens en y voyant l'invisible, bref, à croire à partir de ce qui a marqué leur vie. Mais comment passer du voir au croire ?

Ici, Jésus va détailler ce qu'ont dit les prophètes et montrer le lien qui existe entre leurs vies, leurs enseignements et sa propre vie et sa mort. Et cette démarche est nécessaire. Pour autant, Jésus avait résumé la Loi et les prophètes d'une manière lapidaire : *Ainsi, tout ce que vous voulez que les hommes fassent pour vous, faites-le vous-mêmes pour eux, c'est la Loi et les prophètes* (Mt 7,12). Jésus proclame qu'il accomplit en lui-même la Loi et les prophètes. L'expérience qui ouvre à la compréhension de l'invisible est d'abord le service des autres. La reconnaissance du Christ n'est pas un travail intellectuel, une œuvre de souvenir, c'est une conversation qui en appelle à l'expérience des hommes et transforme celle-ci. Je n'hésite pas à citer ici Vatican II, qui est comme un commentaire de cette manière de procéder.

> *Il a plu à Dieu dans sa bonté et sa sagesse de se révéler en personne et de faire connaître le mystère de sa volonté (cf. Ep 1,9) grâce auquel les hommes, par le Christ, le Verbe fait chair, accèdent dans l'Esprit Saint, auprès du Père et sont*

rendus participants de la nature divine (cf. Ep 2,18 ; 2 P 1,4). Par cette révélation, le Dieu invisible (cf. Col 1,15 ; 1 Tm 1,17) s'adresse aux hommes en son surabondant amour comme à des amis (cf. Ex 33,11 ; Jn 15,14-15), il s'entretient avec eux (cf. Ba 3,28) pour les inviter et les admettre à partager sa propre vie. Pareille économie de la Révélation comprend des actions et des paroles intimement liées entre elles, de sorte que les œuvres, accomplies par Dieu dans l'histoire du salut, attestent et corroborent et la doctrine et le sens indiqués par les paroles, tandis que les paroles proclament les œuvres et éclairent le mystère qu'elles contiennent. La profonde vérité que cette Révélation manifeste, sur Dieu et sur le salut de l'homme, resplendit pour nous dans le Christ, qui est à la fois le Médiateur et la plénitude de toute la Révélation.

Vatican II, *Dei Verbum*, 2

J'aimerais insister : je pense que lire l'Écriture peut se faire de manières différentes et probablement successives.

Généralement, on commence à lire l'Écriture comme une Parole de Dieu, et, si Dieu parle, évidemment il ne peut pas se tromper, ni nous tromper, et nous commençons par croire tout ce qui est écrit parce que Dieu l'a dit.

Aujourd'hui, la plupart d'entre nous savent que, si Dieu parle, il parle par des « auteurs » et que ceux-ci – même inspirés par Dieu – continuent à faire partie de leur culture et ont leur propre vision du monde. Nous pensons alors que ce qui est important, ce n'est pas ce qui est raconté, mais pourquoi cela est raconté. Peu d'entre nous, par exemple, pensent que Dieu a créé le monde en sept jours, mais nous croyons, grâce au récit de l'auteur de la Genèse, qu'il a créé le monde.

Depuis quelques décennies, des catholiques ont redécouvert l'intérêt de la Bible. Certes, ils savent plus ou moins précisément qu'il est bon de replacer les écrits bibliques dans leur contexte et de chercher à savoir ce que voulaient dire leurs auteurs, mais ils sont souvent intéressés par le fait de savoir ce que le texte « leur » dit. D'une certaine manière, le texte leur permet de mettre des mots sur leur foi et les invite à devenir davantage eux-mêmes.

Mais nous ne pouvons oublier que c'est Dieu qui veut parler à travers les Écritures, et qu'il veut nous parler du Christ ! Il est vrai que nous sommes importants, mais le Christ est premier : un monologue – même avec un livre – n'est pas une conversation. La conversation n'est pas simplement un échange de paroles, c'est un corps à corps, un face-à-face. Il est capital, pour entendre la Parole comme elle est dite, d'entrer dans ce corps à corps. Certes, nous ne sommes pas sur la route d'Emmaüs, et nous pouvons penser devoir nous débrouiller tout seuls, sans le Christ. Mais ce n'est pas vrai.

Le Christ a un corps aujourd'hui et c'est l'Église. Et c'est par ce corps, dans ce corps que nous est livrée l'Écriture. Dans une conversation, la voix est importante, c'est elle qui fait pénétrer dans l'expérience de la communication. Et la voix du Christ, c'est l'Église.

Tout au long de ces pages, nous allons lire quelques passages d'Écriture. Même si ce ne sont que quelques passages, qui peuvent sembler choisis au hasard, ils ont été choisis parce qu'ils peuvent permettre une meilleure compréhension de soi, du monde et de Dieu. Ils peuvent nous parler, comme on dit. Et c'est bien! Ils n'auront cependant rempli totalement leur fonction que lorsque vous entrerez en conversation avec le Christ et que cette conversation voudra être une conversation avec le monde.

La souffrance du Christ

Les juifs pensaient que le Messie ne devait pas mourir et qu'il inaugurerait une ère nouvelle, où la mort n'aurait plus sa place. Aux yeux d'un juif, la mort de Jésus signifiait clairement qu'il n'était pas le Messie, le libérateur. Pour nous, chrétiens, la souffrance et la mort du Christ nous apprennent que la solidarité de Dieu avec les hommes est totale. Évidemment, nous rêvons tous d'un monde sans mort, sans violence, sans trahison. Notre culture aime les résistants, les victorieux malgré tout. Les actifs qui créent leur liberté.

Cela a une véritable grandeur. Mais, pour entrer dans la gloire de Dieu, il convient de manifester une totale solidarité avec Dieu et avec les hommes, quoi qu'il en coûte, car Dieu est solidarité.

Cette passivité peut sembler insupportable. Si Dieu est bon, pourquoi le mal existe-t-il? entend-on dire. Comment nier que le mal nous touche? Comment nier que nous aimerions échapper à la condition humaine? Et que beaucoup de nos refus proviennent de la peur?

L'hospitalité

Voici que nos pèlerins deviennent véritablement humains, et donc acteurs: *Reste avec nous.* Ce sont les paroles de l'hospitalité… les paroles qui montrent que l'on accepte le dérangement pour que l'étranger, non seulement ne se sente pas rejeté, mais qu'il soit bien. Le texte souligne : *Ils le pressèrent* ; certains pensent que ces mots renvoient au formalisme oriental. Peut-être, mais la suite du texte va nous apprendre que, déjà, leur cœur *brûlait*.

Comment ne pas faire le lien ? Ceux qui avaient fui la communauté chrétienne, avant même de savoir mettre des mots sur leur expérience, ont retrouvé le goût de ce qui découle normalement de la foi : l'amour, l'attention à l'autre ! Peut-on penser que l'attitude du Christ – qui les laisse totalement libres et ne leur suggère rien – favorise leur liberté « constructive » ?

Le partage du pain

Il serait intéressant de compter les repas de l'Évangile : à l'évidence, le Christ est un homme, pour qui le repas compte – il a un corps, même ressuscité – mais, surtout, il a le sens de la fraternité qu'occasionne le repas. Peut-être faut-il voir ici une image du banquet final ? Nous avons reçu la Promesse d'un rassemblement festif de l'humanité tout entière, rassemblement dont les repas de fête sont comme des images.

En employant la série de verbes : *Il le prit, prononça la bénédiction, le rompit, le leur donna*, Luc veut que nous pensions à l'Eucharistie, à moins qu'il ne désire que, recevant l'Eucharistie, nous pensions toujours à la route d'Emmaüs, à la Parole expliquée devenant chair en nous par le partage.

Quoi qu'il en soit, comme dans toutes les manifestations de la Résurrection, Jésus se donne à reconnaître au moment où il veut, et, là, il veut que ce soit au cours d'un partage provoqué par ses hôtes.

L'ouverture des yeux

Jean arrivant devant le tombeau vide, l'évangéliste écrit : *Il vit et il crut.* Il vit ? Mais il n'y avait rien à voir ! Pour autant, quelque chose se débloque en Jean, qui lui permet de découvrir ce qu'il cherchait depuis qu'il avait rencontré le Christ : la foi qui fait voir l'invisible. Il en est de même ici. Ils voient Celui qui est invisible. La foi les fait passer au-delà des sens.

On peut remarquer le *alors* qui commence la phrase : lorsque Jésus s'assied à la même table qu'eux, les paroles et l'expérience qu'elles ont suscitée deviennent compréhensibles comme si Luc voulait nous apprendre que les lectures de la messe et le partage de l'Eucharistie prennent sens ensemble en nous permettent de saisir la présence avec nous de celui qui est ressuscité, Jésus.

Ils fuyaient désespérés, parce que Jésus ne correspondait pas à ce qu'ils croyaient attendre et qu'il avait disparu, vaincu par le monde ; et voilà qu'il disparaît de nouveau et que, loin d'être traumatisés par cette absence, ils retrouvent des forces pour rebrousser chemin !

Le retour dans la communauté

Retour peut se lire « conversion ». La découverte par les pèlerins du Christ vivant est découverte de leur communauté… Et l'on sent, dans cette marche nocturne, un élan, une joie, le frémissement d'une vie nouvelle. Nous ne savons rien de l'apparition à Pierre mais seulement qu'il est le premier des apôtres à avoir été témoin de la Résurrection. Nous apprenons que la communauté chrétienne advient à elle-même dans l'échange à propos de la Résurrection. La rencontre des pèlerins avec le Christ fut éminemment personnelle, mais leur vie, désormais, va se fondre dans celle de la communauté chrétienne autour de Pierre. L'Église est une communauté de personnes qui ont été appelées une à une par leur nom. Et cette communauté vit dans ce monde, mais, déjà, grâce à cet appel, dans le monde du Ressuscité, qu'elle discerne au-delà de ce qui est visible.

L'extraordinaire est que, pour nous, la véritable identité de l'homme et de la femme se découvre dans le lien que chacun peut avoir avec le Ressuscité. Être témoin de la Résurrection du Christ nous place dans ce qui est notre vraie vie, la vie avec Dieu et en Dieu. Nous sommes faits pour cela !

Questions

- Pensez-vous quelquefois à ce que les chrétiens appellent la vie éternelle ? Comment ? Quelle influence cela a-t-il sur votre vie actuelle ?
- Est-il important pour vous que le Christ soit ressuscité ?
- Y croyez-vous ? Qu'est-ce que cela change ?
- Quelle est la place de la Bible dans votre vie de foi ?
- Vous nourrit-elle et comment ?
- Pour vous, qu'est-ce que la communauté chrétienne ? Comment vous aide-t-elle à vivre ?
- Le partage est-il nécessaire à votre vie de foi ?

Oser être

Cours aux sources, aspire aux fontaines,
En Dieu jaillit la source de la vie,
Une source qui ne peut tarir.
Dans sa lumière se trouve une lumière
Que rien ne pourra obscurcir.
Que ton désir aille à cette lumière
Que tes yeux ne connaissent pas.
L'œil intérieur se prépare à voir la lumière.
À la source, la soif intérieure brûle de s'abreuver.

Saint Augustin, *commentaire du Psaume 41*

Le livre de la Genèse est placé en tête de la Bible et, si je le mentionne ici, c'est qu'il contient une phrase d'une audace presque inimaginable :

Dieu créa l'homme à son image
À l'image de Dieu il le créa
Mâle et femelle, il les créa.

Gn 1,27

L'audace de cette proposition est qu'elle émane d'un homme, d'une expérience humaine. Les spécialistes ne sont pas vraiment d'accord pour la dater et certains pensent qu'elle est très ancienne. Pour autant, beaucoup s'accordent pour dire qu'elle a été placée à cet endroit au Ve siècle avant Jésus Christ. L'homme qui l'a écrite (ou transcrite) a vécu l'Exil et le retour de l'Exil, et il réfléchit : « L'histoire de mon peuple ne peut pas s'expliquer naturellement, humainement. Il existe donc un Dieu qui nous sauve. S'il nous sauve aujourd'hui c'est qu'il nous aime, et s'il est Dieu et qu'il nous aime, c'est qu'il nous aime depuis toujours et pour toujours. Et s'il nous aime depuis toujours, c'est qu'il est amour, donc, il aime tous les hommes. »

Certes, nous le croyons inspiré mais, tout inspiré qu'il soit, c'est à partir de son existence d'homme enfin libre (après l'Exil) qu'il parle de Dieu. Son expérience d'homme libre ayant vécu esclave à l'étranger le provoque à affirmer que le Dieu qui a sauvé son Peuple est le Dieu de tous les hommes.

L'audace de l'écrivain de la Genèse est d'affirmer : j'existe, mon Peuple existe, donc, Dieu existe, et s'il existe, il existe pour tous. Son audace, par ailleurs, oblige à se mettre devant un fait majeur pour la foi : nous ne connaissons Dieu que par des paroles d'hommes. Nous ne connaissons Jésus que par des témoins : Matthieu, Marc, Luc, Jean, Paul, Jacques, Pierre, Jude et chacun de ces témoins a sa manière de vivre son rapport avec Jésus et, par lui, avec le Père, et donc son témoignage propre.

L'assistance de l'Esprit Saint, dont ils ont bénéficié, n'ôte rien au caractère humain de leur témoignage. Eux aussi, comme l'auteur de la Genèse et tous les auteurs bibliques, ne parlent que du trop-plein de leur bonheur d'avoir rencontré Dieu dans leur condition humaine.

Ils sont des références indépassables. Mais aussi des modèles. Ils nous invitent, en effet, à nous demander quel homme, quelle femme, quelle humanité nous sommes devenus et, au-delà des explications de surface, pourquoi nous en sommes là. Évidemment, notre réponse ne sera pas la leur car, même si nous la formulions dans les mêmes termes, les mots qu'ils ont choisis exprimaient une expérience qui n'est pas la nôtre. Il nous faut passer par notre expérience. Absolument.

Mais leur expérience peut nous aider à mettre des mots sur la nôtre. Les écrivains de l'Ancien Testament et du

Nouveau Testament ont vécu dans leur existence des faits objectifs, mais ils ont eu aussi des sentiments, des réactions ; c'est à partir de ce qui tissait leur vie qu'ils ont trouvé des traces de Dieu en eux et qu'ils ont relu ces faits, ces événements, ces rencontres comme exprimant Dieu.

Au commencement

> *Au commencement, Dieu créa le ciel et la terre. La terre était informe et vide, les ténèbres étaient au-dessus de l'abîme et le souffle de Dieu planait au-dessus des eaux.*
>
> *Gn 1,1-2*

Le silence primordial. L'inconnu. Nous n'aimons pas l'inconnu. Nous traduisons *Au commencement* parce que nous aimons délimiter pour savoir. Le texte montre que notre écrivain se met devant l'inconnu. Le premier mot de la Bible commence par la deuxième lettre de l'alphabet hébreu et *bereshit*, ce premier mot, littéralement, veut dire « en tête », « lorsque cela commençait », « au cours d'un commencement ». L'imagination ne va pas avant le temps et ne sait pas quand le temps commence… Les adultes ne se souviennent pas de leur toute petite enfance.

Le ciel est cité en premier. La terre ensuite, comme pour signifier que sa ténèbre, sa noirceur, était destinée à porter un reflet du ciel. Le ciel et la terre, les eaux d'en-haut et les eaux d'en-bas, le jour et la nuit, l'homme et la femme : ces grandes distinctions qui participent à la découverte de la création en font quelquefois oublier l'unité, ce qui est séparé était uni avant la séparation ! Notre écrivain, qui perçoit des éléments différents et éclatés, en proclame l'unité sans nier leur différence. Dans son esprit, il n'y a pas de confusion. Mais des distinctions à établir. Et il n'y a qu'un seul monde.

Prendre le temps d'éprouver l'unité du monde ! Je ne sais quelle a été l'expérience de l'auteur de la Genèse, mais je pressens que cette découverte de l'unité est née d'une expérience spirituelle. Une expérience de nuit et de jour. D'obscurité et de lumière. Une expérience poétique où la Création est vécue comme une respiration, comme des moments qui ont l'apparence du vide et du désert, et qui sont pourtant porteurs de richesse, de petit matin.

Une expérience de prière riche et mystérieusement fructueuse. Six fois, l'auteur scande son propos en disant : *il y eut un soir, il y eut un matin*. Pour la plupart des hommes, la journée commence le matin. Pour Dieu le soir dans l'obscurité s'oriente vers la lumière. Celui qui fait naître connaît les temps de grossesse et de maturation. Comment entrer dans sa pensée ?

Peut-être par l'expérience de ce que l'on éprouve aujourd'hui au cœur d'un immense paysage ou en plongeant dans la mer au petit matin lorsque le silence retient un clapot discret. Et que le murmure du vent affirme la possibilité de la vie. Peut-être au matin rose sur la montagne, lorsque se dégage une sorte de fraternité avec les horizons qui se découpent successivement et flirtent avec les nuages.

Dieu vit que cela était bon

Le récit de la Création est clair : il s'étale dans le temps. Je ne sais pas ce que signifient les sept jours, mais j'entends que

Dieu prend son temps au point de s'arrêter au septième jour. Prendre son temps et non crier contre le temps perdu, ni déclarer qu'on n'a pas le temps, ni tuer le temps, ni trouver le temps long. Non, prendre du « bon » temps. L'homme de la Genèse a fait l'expérience spirituelle qui consiste à s'arrêter et à prendre le temps d'admirer.

Dieu vit que cela était bon. Cette découverte répétée ne peut être que celle d'un contemplatif… qui regarde autour de lui et voit, au-delà des apparences, la beauté, la bonté, le caractère accompli de ce qui existe : le mot hébreu *tov* que nous traduisons « bon » renvoie à l'ensemble de ces significations.

L'expérience de notre auteur est une expérience née du bonheur d'exister dans un monde qui lui est donné gratuitement. L'extraordinaire est qu'il ait réussi à mettre des mots pour exprimer ce qu'il ressent.

Faisons l'homme à notre image

> *Dieu dit : « Faisons l'homme à notre image, selon notre ressemblance. Qu'il soit le maître des poissons de la mer, des oiseaux du ciel, des bestiaux, de toutes les bêtes sauvages, et de toutes les bestioles qui vont et viennent sur la terre. » Dieu créa l'homme à son image, à l'image de Dieu il le créa, il les créa homme et femme. Dieu les bénit et leur dit : « Soyez féconds et multipliez-vous, remplissez la terre et soumettez-la. Soyez les maîtres des poissons de la mer, des oiseaux du ciel, et de tous les animaux qui vont et viennent sur la terre. »*
>
> *Gn 1,26-28*

Voici le climax du texte. Le moment de toutes les audaces. Éclairé par l'Esprit Saint, notre auteur affirme qu'il est l'image de Dieu, de ce Dieu que personne ne connaît, dont personne ne peut dire grand-chose, et qui ne peut être vraiment connu qu'en regardant l'homme... L'homme ne peut se connaître vraiment qu'en Dieu.

Aujourd'hui, beaucoup accusent les croyants d'avoir « inventé » Dieu et d'avoir construit Dieu en modelant sa description sur le désir de l'homme. Ils n'ont pas tort aux yeux des chrétiens. L'auteur de la Genèse a « inventé » Dieu. C'est un inventeur, à condition que l'on donne à ce mot le sens qu'il a quand on parle d'« inventeur de trésor ». Il a mis au jour ce qui était caché en lui et découvert Celui qui le cherchait. Il a bien conscience d'être un homme, rien qu'un homme. Adam, l'homme de notre traduction, veut dire le terreux, le glébeux. Il se sait partie du cosmos. Mais il a commencé d'être à la fois semblable, immergé dans le monde et pourtant différent du reste de la création.

Quelle est cette différence? Comme tout l'univers, l'auteur de la Genèse découvre qu'il a été voulu, créé par une Parole de Dieu qui, d'une certaine manière, s'est cristallisée pour lui donner naissance. Dieu dit et cela est. Pour l'homme, la Parole créatrice de Dieu est légèrement différente de ce qu'elle est pour le reste de la création. Avant, dans le récit de la création, Dieu disait et cela était. Pour l'homme, il dit explicitement: *Faisons...* La formule est plus solennelle. Est-ce tout? Certains affirment que ce pluriel veut inclure tout l'univers et peut-être même l'homme aussi: Dieu ne fait pas l'homme seul. L'homme n'est pas créé prêt à l'emploi. Il faut qu'il grandisse et ne peut pas grandir seul. Il faut qu'il y mette du sien.

Évidemment, les chrétiens peuvent lire dans ce *Faisons* un pluriel trinitaire et affirmer que Dieu a créé l'homme par sa Parole à l'image du Christ, le Fils de l'homme.

Notre auteur affirme que l'homme est créé à l'image et à la ressemblance de Dieu, homme et femme. Cette dernière mention est capitale : c'est dans son être sexué, corporel, que l'homme est image de Dieu. Il fallait et il faut oser le dire. Le sexe montre notre limite. Et, cette limite posée, l'homme est à l'image de Dieu.

Contempler ce Dieu créateur donne le vertige : Pourquoi ce Dieu qui était tout s'est-il en quelque sorte retiré de lui-même pour donner une place à la Création ? Comment le comprendre sans penser qu'en lui-même il y a de l'abnégation ? Ce que le dogme affirme quand il souligne que chaque personne de la Trinité se donne totalement à l'autre, se retire pour donner la place à l'autre, pour établir une relation.

La question rebondit alors : « Pourquoi l'homme ? » Pour que le Fils puisse s'incarner dans une humanité faite pour entrer en relation avec Celui qui est relation. Encore une fois, l'auteur de la Genèse ne se paie pas de mots, mais éprouve en lui-même la certitude d'être littéralement fait pour le divin.

Le mot image traduit un mot hébreu *tsalem*, qui dérive d'une racine qui signifie « ombre », mais qui est proche de *tsela*, le fameux côté, ou la côte, que le deuxième récit de la création emploie pour faire naître Ève. L'homme ne peut pas se comprendre sans la femme et Dieu porte en lui l'homme et la femme. Sans vouloir faire d'anachronisme, la théorie du genre, qui affirme que le sexe est un acquis culturel, trouve ici sa contradiction ; l'homme et la femme sont, par création, différents. Mais elle trouve aussi une sorte de fondement puisque l'un et l'autre sont indissociables.

Unique comme Dieu

Tout limité qu'il soit, tout terreux qu'il soit, l'auteur de la Genèse se sait unique. Dans la suite du récit, l'homme sera chargé de nommer tout ce qui existe dans la création (cf. Gn 2,20, et même sa femme, Ève : Gn 3,20). Il nomme Dieu lui-même ! Et cela le différencie de toutes les autres créatures.

Certes, dans sa manière de se penser et de penser son rapport aux autres, il ne sait rien des secrets de l'ADN qui différencie chaque individu, mais le dynamisme qui conduit à reconnaître chacun, chaque chose, l'invite déjà à se savoir unique au milieu d'un monde de créatures uniques créées par un Dieu unique. Unique, mais pas vraiment lui-même sans l'autre. En l'homme, en général, il y a le mâle et la femelle. Il n'y a pas d'identité sans un rapport avec l'autre. Nous avons besoin, pour être, d'être par et pour autrui. Manger avec d'autres permet de vivre. Se nourrir seul permet seulement de survivre.

On peut comprendre cela. Toute expérience humaine permet de le saisir. Mais notre auteur affirme, par là, que Dieu lui aussi est un Dieu qui ne peut se comprendre qu'à partir de la relation à l'autre. Cela est fascinant.

Libre comme Dieu

L'homme qui écrit (ou rassemble) le texte de la Genèse revient d'exil. Il sait ce qu'est la servitude. Il sait ce qu'est la liberté. Et son expérience lui permet de donner une idée de la liberté créatrice de Dieu. Sa description est pratique et il ne ressent aucun besoin de décrire un enchaînement causal, une succession comme obligée de causes et d'effets. Clairement, Dieu est la cause, mais il va à son rythme ! Pour nous, le mot création signifie un commencement dans le passé : ici, nous sommes dans une prise de conscience d'une actualité de la création toujours en développement.

L'homme s'éprouve libre (malgré certaines apparences) et fonde son image de Dieu dans cette liberté féconde.

La première Loi, le premier commandement, les premières Paroles de Dieu – et l'on sent qu'elles sont toujours actuelles dans la pensée de notre auteur – sont significatifs :

> *Soyez féconds et prolifiques, remplissez la terre et dominez-la. Soumettez les poissons de la mer, les oiseaux du ciel et toute bête qui remue sur la terre. Je vous donne toute herbe qui porte semence…*
>
> *Gn 1,28-29*

La Genèse présente un Dieu qui veut que l'homme vive. La liberté découverte ici est pleine de dynamisme ! Et le dynamisme fait découvrir l'amour de Dieu pour la liberté.

Soyez féconds : littéralement « Portez du fruit » (*pérou*). Le mot est déjà employé au verset 11 pour les arbres. Ici, l'ouverture de reproduction en reproduction engendre toute l'histoire humaine.

Soyez prolifiques : littéralement « multipliez » (*ourebou*). Ici, ce terme renvoie plutôt à une densification. La racine du mot, *eb-*, est celle qui est présente dans le mot *rabbi*. Nous sommes invités à être « cultivés ». La racine renvoie aussi au mot *rab*, surplus, et exprime la possibilité de la gratuité (cf. Gn 13,6), mais aussi de la lutte pour capter ce surplus (Gn 13,7).

Les deux mots liés ensemble ne sont pas une invitation à une multiplication des personnes, mais, avec les moyens culturels, de leur permettre de cohabiter.

Remplissez la terre (*mil'ou*) : l'expression a la même racine que *moul*, qui désigne le vis-à-vis, et *mila* qui signifie le mot. Il ne s'agit pas de saturer la terre. Il s'agit d'y trouver sa place au milieu des vis-à-vis, grâce à un langage.

Dominez-la (*kibchouha*) : le *kibouch* est la borne qui signale la fin de sa propriété ou le début d'une zone dangereuse. Il faudrait sans doute mieux traduire : « maîtrisez-la en vous maîtrisant ».

Soumettez (*redou*) : il ne faudrait pas comprendre « dominez », mais « faites en sorte que le monde animal corresponde à ce que Dieu veut qu'il soit et contribue à la mission de l'homme qui consiste à ressembler à Dieu ».

Être à l'image de Dieu – dans nos limites humaines – consiste donc à être féconds, cultivés, à savoir nous situer dans une société en parlant à nos voisins, en limitant notre emprise par la raison, et en donnant sens à la vie du règne animal et végétal. L'auteur de la Genèse, en exprimant cela, donne une idée de sa sagesse profonde et du génie qu'il manifeste en allant à contre-courant de ce que, volontiers, nous prêterions à Dieu, soit pour vivre en relation avec lui, soit pour nier son existence.

Je vous donne toute herbe… tout arbre, telle sera votre nourriture : l'homme est invité à se nourrir de ce qui vit (mais il est invité à être végétarien, invitation qui ne sera pas renouvelée après Noé) en sachant que la nourriture est un don de Dieu : l'homme ne vit que parce que Dieu crée et donne.

Contemplatifs comme Dieu

> *Ainsi furent achevés le ciel et la terre, et tout leur déploiement. Le septième jour, Dieu avait achevé l'œuvre qu'il avait faite. Il se reposa, le septième jour, de toute l'œuvre qu'il avait faite. Et Dieu bénit le septième jour : il en fit un jour sacré parce que, ce jour-là, il s'était reposé de toute l'œuvre de création qu'il avait faite. Telle est la naissance du ciel et de la terre lors de leur création.*
>
> *Gn 2,1-4*

Ce passage fort connu risque d'être lu un peu vite. Il serait préférable d'employer le mot parachever qu'achever. Certes, tout était achevé le sixième jour, mais non pas parachevé : il manquait à l'achèvement de l'œuvre la bénédiction et la consécration. Bénédiction et consécration qui semblent être effectives grâce au repos (au sabbat) de Dieu. Ce repos valide et valorise la création. Ce n'est pas un temps de paresse, mais un temps qui met en relief ce qui se passe dans la création. C'est une prise de distance qui permet la réflexion, l'admiration et la découverte du sens de la création : être consacrée à Dieu.

Comment douter que notre auteur, ancien exilé, ait eu l'intuition de la création au cours d'une telle prise de distance ? Cette prise de distance est-elle plus difficile dans notre monde que dans celui, chaotique, du retour de l'exil ? Quels sont les harmoniques qu'un tel récit suscite en nous ?

Il est vrai que, pour beaucoup d'entre nous, il est difficile de savoir qui il était, qui est-il, vers qui il va : celui qui est né, il y a longtemps déjà, est-ce moi ? Qu'est-ce qui m'a fait, quels sont les engagements qui m'ont marqué, sur quelle route ai-je trouvé mon chemin ? Ces questions devaient sans doute être celles de l'auteur de la Genèse. Mais il a entendu en lui-même qu'il fallait aller au-delà.

Vous êtes comme des dieux

> *Je l'ai dit : vous êtes des dieux, des fils du Très-Haut, vous tous !*
> *Pourtant, vous mourrez comme des hommes, comme les princes, tous, vous tomberez !*
>
> *Ps 81 (82) 6-7*

L'expression : *Vous serez comme des dieux* est celle qu'utilise le serpent pour tenter Ève (Gn 3,5). Il cherche à la tenter en lui promettant la connaissance, mais ce n'est pas cette connaissance qui est mauvaise, ce qui est mauvais, c'est l'oubli de la confiance. Le Psaume, lui, s'adresse aux mauvais juges : ils ont un pouvoir qui est de droit celui de Dieu, celui de juger ce qui est bon et ce qui est mauvais, et ils l'exercent sans référence à Dieu, au mépris de la confiance que leur métier suscite.

Relisons Jean 10,30-35. Les juifs demandent à Jésus s'il est Dieu, Jésus leur répond en affirmant son unité avec le Père. Les juifs comprennent qu'il affirme sa divinité et l'attaquent. Jésus se défend en citant l'Écriture, mais dans un sens positif, en faisant un raisonnement particulier : « Si tous les hommes peuvent être appelés dieux, *a fortiori*, moi, je le suis. » Il est clair que si les chrétiens ne sont pas des images de Dieu, le raisonnement du Christ ne vaut rien.

Il nous faut réfléchir et méditer sur cette phrase mystérieuse : *Faisons l'homme à notre image et à notre ressemblance.* Mais, pour le moment, tout en affirmant que nous ne sommes pas Dieu, au sens fort du terme, nous pouvons sans crainte affirmer qu'aux yeux du Christ notre nature est faite pour vivre en communion totale avec Dieu parce que, d'une certaine manière, elle est de nature divine.

> *Ainsi, Dieu nous a fait don des grandes richesses promises, et vous deviendrez participants de la nature divine, en fuyant la dégradation que le désir produit dans le monde.*
>
> *2 P 1,4*

C'est, à mon avis, ce qu'avait découvert l'auteur de la Genèse dans une expérience spirituelle unique, mais suggestive.

Questions

- Si vous deviez expliquer ce que vous dites en disant Dieu à un jeune adulte, que feriez-vous ?

- Quel est, pour vous, le premier commandement de Dieu ?

- Est-ce que le Dieu Créateur a une importance pour votre foi, pour votre manière de voir le monde ?

- Pour vous, Dieu est-il toujours à l'œuvre ? Comment ?

- Dans votre vie, quelle importance accordez-vous à la beauté ? Comment cela se manifeste-t-il ?

- Pouvez-vous retracer le début de votre vie spirituelle ?

Oser vivre pleinement

Seigneur,
Tu passes dans la ville,
Tu traverses les champs,
Tu es Parole.
Tu donnes à chacun son nom, sa tâche,
Tu découvres les talents,
Tu es Parole.
Tu admires les amoureux,
Tu croises le regard des vieux,
Tu es Parole.
Tu vois l'enfant grandir,
Tu contemples l'homme bâtir,
Tu es Parole.

Seigneur,
Donne-moi la parole
Pour dire que tout est beau.

Dieu créa l'homme à son image. Ces quelques mots interrogent notre expérience humaine. Il est difficile de savoir exactement ce que voulait exprimer leur auteur et comment il distinguait l'image de la ressemblance. Trois certitudes s'imposent cependant en regardant l'histoire :

– L'homme est à l'image d'un Dieu dont il est interdit de faire des images (c'est un précepte du Décalogue, dont la rédaction, selon toute probabilité, a précédé celle de la Genèse : cf. Ex 20,4, Dt 4,9-28, Dt 27,15) pour en préserver la transcendance.

– Le thème de l'homme à l'image de Dieu traverse toute la Bible, au point que le livre de la Sagesse ne dira plus que l'homme est « à » l'image de Dieu, mais qu'il est image de Dieu (Sg 2,23). Si, dans la Genèse, il est à l'image de Dieu parce qu'il règne sur la création, dans la Sagesse c'est parce qu'il domine la mort. Le Nouveau Testament reprend le thème (cf. 1 Co 11,7, Jc 2,4).

– Les Pères de l'Église ont parfois (comme Origène) distingué l'image de la ressemblance et ont souvent souligné la nécessité d'un chemin pour aller de l'un à l'autre. Par contre, Irénée ou Augustin pensent que l'image et la ressemblance forment un tout. Pour beaucoup, la ressemblance permet de connaître et d'aimer en Christ l'image parfaite de ce que nous sommes, et de retrouver, grâce à cette image parfaite, notre être profond.

Il semble que ce soit sur ce chemin qu'engagent les chapitres 2 à 4 de la Genèse. Encore une fois, le compilateur de la Genèse met des mots sur une expérience qu'il tente de nous faire partager. Comment ne pas penser à une phrase connue de Marcel Légaut : *Ce qui est de moi, qui ne serait pas sans moi et qui est plus que moi* ?

Prenons donc le temps de relire la Genèse.

Une relecture spirituelle de la création

Les avis divergent. Et c'est bien ainsi. Pour moi, le deuxième récit de la création commence au verset 2,4 : *Telles sont les origines du ciel et de la terre.* La TOB traduit : *Telle est la naissance du ciel et de la terre*. D'une certaine manière, lors du premier chapitre, notre auteur s'était abstrait d'une partie de sa vie quotidienne pour décrire la création de manière inspirée.

Il était comme on peut être en vacances, immergé dans la nature et dans le repos et éprouve l'existence d'un Dieu unique, qui bénit et consacre l'homme. Il n'est pas naïf. L'homme qu'il connaît est plongé dans un monde d'amour et de liberté, de créativité et de bonté, certes, mais il est aussi plongé dans un monde dur, difficile, où il se découvre cruel, seul, comme égaré. Et c'est de cela, dans ce deuxième chapitre, qu'il va essayer de rendre compte à la lumière de sa nouvelle foi en Dieu.

En fait de naissance du ciel et de la terre, d'une certaine manière, il s'agit surtout de la sienne. Il naît à une nouvelle manière de voir le monde et Dieu. Dorénavant, dans ce second chapitre, Dieu n'est plus appelé Dieu, mais Seigneur Dieu. Notre auteur n'est plus un humaniste croyant en Dieu, c'est un fidèle qui se place dans la seigneurie de Dieu.

Il n'est pas bon pour l'homme d'être seul (Gn 2,18)

Dans le premier chapitre de la Genèse, le regard sur la création, sur l'homme, sur la femme est, d'une certaine manière, théorique. Dans le chapitre 2, il reflète une expérience. Et cette expérience est d'abord celle de la solitude. La Parole de Dieu : *Il n'est pas bon que l'homme soit seul* rejoint le cri de milliards de personnes qui ont éprouvé la solitude.

Permettez-moi de penser ici aux prisons les plus modernes, où les personnes incarcérées bénéficient d'une propreté, d'une hygiène, d'une intimité qui, jusque-là, n'existaient pas dans les établissements pénitentiaires, mais qui les obligent à se confronter à elles-mêmes dans une solitude insupportable. Ce chapitre reflète l'expérience spirituelle de l'homme qui cherche à comprendre pourquoi Dieu l'a créé, lui : n'est-ce pas aussi le secret de Dieu Trinité qui s'exprime aussi ? Il n'est pas bon que Dieu soit seul.

Mais la solitude de l'homme est différente, particulière. Il la découvre dans et par son corps. Il dit « je », et son identité est comme marquée par son corps et ce dernier est sexué… Pour autant, cette solitude dépasse ce qui est en lui purement corporel : il se sait seul dans la création (Gn 2,20).

> *Alors le Seigneur Dieu fit tomber sur lui un sommeil mystérieux, et l'homme s'endormit. Le Seigneur Dieu prit de la chair dans son côté, puis il le referma. Avec ce qu'il avait pris à l'homme, il forma une femme et il l'amena vers l'homme. L'homme dit alors : « Cette fois-ci, voilà l'os de mes os et la chair de ma chair ! On l'appellera : femme. »*
> *À cause de cela, l'homme quittera son père et sa mère, il s'attachera à sa femme, et tous deux ne feront plus qu'un.*
> Gn 2,21-24

L'homme de la Genèse sait qu'il appartient à la terre. Nous l'avons dit, c'est le glébeux. Dans le texte, quand Dieu intervient, la terre s'appelle *eretz*, quand l'homme, l'Adam, la travaille, elle s'appelle *adamah*. Ce lien est vital. L'homme vient de la terre, se tient debout pour la travailler, se penche, et retourne à la terre. Il n'y a aucun romantisme, là. Pas d'émotion.

Mais, au cœur de cette réalité, le compilateur de la Genèse a une double expérience : il sent en lui une énergie terrienne, animale, qui monte de la terre comme l'eau peut en sourdre ; il sent surtout que quelqu'un l'habite et le dépasse.

Les anciens pensaient que les artères étaient des canaux de circulation de l'air qui permettaient de vivre.

> *Mais de l'eau sortait de terre et imbibait tout le sol. Alors le Seigneur Dieu modela l'homme avec la poussière tirée du sol ;*

il insuffla dans ses narines le souffle de vie, et l'homme devint un être vivant.

Gn 2,6-7

Notre auteur se sent habité littéralement d'une vie divine, vie qui anime son être de terre. Son haleine de vie est celle de Dieu. Il vit littéralement de la vie de Dieu ; en lui vit quelqu'un de plus grand que lui. Et notre auteur fait le lien entre cette habitation par plus grand que lui en lui et son besoin de relation. Il sait, il éprouve le fait de ne pas pouvoir vivre seul. La relation lui semble essentielle. Et ceci lui permet de penser que Dieu lui-même est un être de relation qui prend soin de l'homme dans une relation familière (Gn 2,15).

L'homme a soif de relation. Sans relation, il meurt. D'ailleurs en Israël, la mort est considérée d'abord comme la fin des relations.

Certes, il entretient une relation avec les animaux et il est intéressant de constater que, comme aujourd'hui, pour beaucoup de personnes en mal de relations humaines, les premières tentatives de relation se font avec les animaux. Pour autant, notre auteur note que la relation n'est pas symétrique : l'homme crie le nom des animaux, mais son cri est sans réponse (Gn 2,20).

Mais cela ne lui suffit pas. Il demeure seul. Dieu en prend conscience et veut le secourir (verset 18) contre la mortelle solitude. Il crée la femme. Pourquoi faut-il que l'homme soit plongé dans la torpeur au moment de la création d'Ève ? Certains pensent que ce sommeil est un retour au néant qui précède la création. Il est le même pour l'homme et pour la femme et, par conséquent, spécifique à l'espèce humaine. Pour ma part, je pense que, ainsi, ni Ève ni Adam n'ont assisté à la création de l'autre, et donc qu'aucun d'entre eux ne peut prétendre comprendre l'autre. Entre eux, il y a unité et différence. Et la découverte de cette unité dans cette différence est cause de la joie.

Pour la première fois dans le texte, l'homme parle : quelqu'un est lui sans être lui. En hébreu, le superlatif *la chair de ma chair* est indiqué par la répétition (les siècles des siècles signifie toute l'éternité). Les os et la chair représentent ce que les médecins appellent le dur et le mou : tout l'homme. La femme lui est totalement semblable. Mais, en même temps qu'il la découvre semblable, il la découvre différente et découvre le caractère unique de sa propre existence (il se découvre lui-même) et, pour la première fois, il se nomme.

La sagesse de l'auteur s'exprime là : on ne se découvre que par la rencontre de l'autre. On n'est soi-même que par l'autre et, pour que la rencontre soit véritable, il faut accepter de quitter ce qui nous a permis d'être, mais qui n'est pas nous. Les psychiatres modernes nous diraient facilement qu'il est nécessaire de rompre avec l'identification à notre mère pour commencer à exister vraiment. Nous y reviendrons.

Pour le moment, il nous faut refaire le parcours de l'auteur de la Genèse. Pour lui, la solitude est constitutive de l'être humain. Dans cette solitude, la prise de conscience de soi s'effectue d'abord en se distinguant des autres êtres vivants.

Ensuite, cette solitude consciente devient le socle de sa découverte de l'autre, de *l'aide qui lui est assortie* et, d'une certaine manière, il devient lui-même dans ce double mouvement, celui de prise de conscience de sa solitude et de découverte de l'autre. Évidemment, ceci est vrai pour l'homme vis-à-vis de la femme, et de la femme vis-à-vis de l'homme. Car il y a parfaite réciprocité dans l'attente de communion. Chacun, homme ou femme, peut dire de l'autre : elle est chair de la chair et os de mes os... Dans ta différence, dont ton sexe est le symbole, nous sommes destinés à être une seule chair (verset 24), c'est-à-dire à réaliser une unité à l'image de celle de Dieu.

Ces mots semblent décrire des rêves plus que des expériences. Dans quelques lignes, notre auteur montrera qu'il en est conscient. Mais, pour le moment, il faut nous laisser prendre par l'exclamation d'Adam : *Voici l'os de mes os, la chair de ma chair*, exclamation qui annonce déjà le Cantique des Cantiques et tous les poèmes inspirés de l'amour. Nous ne sommes pas dans la théologie ou dans je ne sais quel cours de morale. Nous sommes dans l'expérience.

Je sais que le mot « chair » revêt des significations particulières dans la Bible et qu'il évoque surtout l'homme et la femme dans leur faiblesse – j'allais dire leur humanité – mais il évoque, via le corps, le vivant, le palpitant, la vie qui s'éprouve. Il évoque le désir, la recherche de l'unité, le plaisir. Il évoque aussi la tendresse, ce regard aimant d'une fragilité sur une autre fragilité. Il évoque la caresse qui sculpte le corps de l'autre et marque à la fois le respect, la volonté d'une certaine distance, et l'intimité.

Au fond, ce que nous craignons souvent le plus, c'est le face-à-face. Quand les traductions disent : *Je veux lui faire une aide qui lui soit accordée...*, il faudrait traduire : « une aide en vis-à-vis ». La chair, la faiblesse, le corps, la honte, le manque de courage rendent généralement ce vis-à-vis insupportable ou très difficile. Moins une relation est bonne, plus on le craint. Dans les entreprises, dans les couples, beaucoup d'énergies peuvent être déployées pour éviter la confrontation.

Les adolescents apprennent à porter des masques. Il peut être quelquefois dangereux de leur dire de les ôter car ces masques les tiennent debout. Et c'est la découverte de l'amour qui leur permet de se supporter tels qu'ils sont et d'accepter leurs faiblesses sans en souffrir au point de se protéger. Malheureusement, il peut arriver que nous restions adolescents ou que nous le redevenions en jouant à des jeux d'adultes, notamment ceux du pouvoir et de la séduction, pour éviter les véritables vis-à-vis. Je crois cependant que nous savons que nous ne sommes pas faits pour cela : nous gardons toujours la nostalgie du face-à-face originel, ce cri de joie de la rencontre de l'autre, différent et semblable. Fort et faible.

Les théologiens nous apprennent qu'en Dieu, le face-à-face est spirituel : le Père donne tout au Fils, et le Fils tout au Père ; le Père reçoit tout du Fils et le Fils tout du Père : le flux de cet amour est l'Esprit Saint...

À l'image de Dieu il les créa. Mâle et femelle, il les créa. Bien sûr, Dieu n'est pas chair, mais notre chair humaine en donne une image. Elle nous apprend ce qu'est la vie !

Le jardin d'Éden

Dans notre pays, chacun sait qu'il est nécessaire de travailler. Et, si j'en crois les politiciens, de travailler de plus en plus longtemps car nous vivons de plus en plus vieux. Pour autant, le travail est souvent mis en cause, ou, plus exactement, les conditions du travail. Saint Benoît avait donné un slogan à l'Europe en disant aux bénédictins de ses monastères : *Ora et labora*. Prie et travaille. Saint Thomas d'Aquin affirmera, si on le traduit en termes modernes, que le travail empêche l'oisiveté, mère de tous les vices. Pour l'Évangile, le travail, seul, ne peut pas donner sens à la vie, mais il est nécessaire de travailler. Pour beaucoup de nos concitoyens, la vraie vie est ailleurs. Nous sommes en froid avec le travail, d'autant que l'on nous fait miroiter que, demain, les robots – le mot veut dire « il travaille » – travailleront à notre place. C'est dans ce contexte qu'il nous faut relire le récit de la création.

Il nous faut aller quelques instants dans le jardin d'Éden. Le mot jardin (en hébreu, *gan*) évoque un commencement (c'est la même racine que Genèse). Ce jardin planté à l'orient invite à la croissance, au développement. L'homme y est installé par Dieu. *Le Seigneur Dieu prit l'homme et le conduisit dans le jardin de l'Éden pour qu'il le travaille et le garde* (Gn 2,15). Il est important de lire attentivement ce verset. *Dieu prit l'homme* pourrait se traduire : « Dieu s'appropria, fit alliance avec l'homme. » En ce septième jour de la création, Dieu va continuer son œuvre par l'homme. Cette alliance primitive a une loi implicite : l'homme doit, par son travail, continuer le travail créateur et prendre soin de la *adama,* de la terre. Le travail ici n'est pas conçu comme une malédiction, mais comme une manière de prolonger l'action de Dieu, comme une responsabilité.

Parlons un instant des fleuves qui irriguent ce jardin d'Éden. Il n'est pas facile de remonter à l'expérience de l'inspiré qui a fait cette description. Peut-être faut-il quitter l'image bucolique qui nous vient à l'esprit pour chercher un sens figuré. Beaucoup de commentateurs pensent que notre auteur a voulu donner ici une localisation géographique précise au jardin d'Éden. Je n'en crois rien. Le fleuve qui sort de l'Éden pour arroser le jardin a quatre têtes (dans le texte), et non quatre bras comme on traduit souvent (Gn 2,11). Un fleuve entoure le pays de l'or : le fleuve est un principe de mouvement, de circulation de cet or dont le nom hébreu pouvait se traduire « ceci pour donner ». Mais l'or n'est pas le seul métal précieux, même s'il est qualifié de « bon », comme pour marquer son lien avec le Créateur qui trouve bonne sa création. Je note que l'onyx est la pierre sur laquelle sont gravés les noms des tribus d'Israël qu'Aaron porte sur le cœur (Ex 28,9-10), et pressens que ce n'est pas sans lien avec notre passage : cet onyx est un signe social.

Notre auteur décrit la condition humaine comme celle d'un créateur allié à Dieu pour continuer la création primitive et la protéger, en pressentant la nécessité de la circulation des richesses pour que ce soit possible. Et ceci avant l'accident de création que va être la faute. Notre auteur pense qu'avant celle-ci, il n'y a pas d'appropriation par l'homme des trésors de la terre ; la terre est à Dieu.

Questions

- Quelle est votre expérience du travail ? Est-ce que cette expérience vous a transformé. Est-ce qu'elle vous a changé spirituellement ?
- Avez-vous le sentiment que c'est un devoir de vivre pleinement ? De grandir ? Pourquoi ?
- Est-ce que croire change quelque chose au sens de la responsabilité ?
- Quelle est votre expérience de la solitude ? Est-elle bénéfique ? Est-elle douloureuse ? Pourquoi ?
- Quelles sont les relations humaines qui vous font grandir ?

Oser créer

Dieu Créateur de l'univers
tu veux que l'homme, par son travail,
te rende gloire en continuant ton œuvre ;
Permets, en ta bonté,
qu'à l'exemple de saint Joseph et sous sa protection
nous accomplissions les tâches que tu nous donnes
et recevions la joie promise au bon serviteur,
Par Jésus Christ, Notre Seigneur.

Oraison du 1er mai

Le repos de Dieu, le septième jour, ne marque pas l'arrêt de la Création. Dieu continue à créer par l'homme, qu'il a créé « créateur ». Créateur dans la famille. Créateur par le travail, par la poésie, par la capacité politique... Créateur au sens plénier, même si sa manière de créer diffère du mode divin de la Création. Avant de reprendre le récit de la Création, faisons une halte dans le Nouveau Testament pour le bien saisir.

Le nouvel Adam

Saint Paul, dans l'épître aux Romains, parle de Jésus, le Christ, comme du nouvel Adam. Adam est le père symbolique de toute l'humanité dans sa faiblesse, Jésus est à l'origine de l'humanité régénérée. *Par le seul Jésus Christ régneront-ils dans la vie, ceux qui reçoivent l'abondance de la grâce et le don de la justice* (Rm 5,17). La vie du nouvel Adam permet de comprendre ce à quoi était appelé le premier Adam et éclaire l'intention du Créateur. À l'évidence, le récit de la Genèse exprime la conviction que l'homme est créé pour porter du fruit. Cela dit, la contemplation de la vie de Jésus permet de préciser le trait.

Dans une culture née de la Bible, où le mariage est pratiquement un impératif pour qui respecte la Loi, Jésus n'est pas marié et ne s'en explique jamais. Dans une culture qui donne de l'importance au travail (tout en évitant de le survaloriser comme le prouve l'insistance sur le sabbat) Jésus est bien décrit comme charpentier (Mc 6,3) mais c'est en passant et, le moins que l'on puisse dire, c'est qu'il n'insiste pas lui-même sur le travail. Beaucoup affirment qu'il a vécu secrètement à Nazareth pendant la plus grande partie de sa vie et qu'il y travaillait de ses mains. C'est probable, mais Jésus n'en rend jamais compte. D'autres soulignent à l'envi que Jésus enseigne de faire fructifier ses talents (Mt 25,14-31) et, lorsqu'on est planté en terre, de ne pas l'être inutilement et de porter du fruit (Lc 13,6-9).

Pour autant, l'étonnement demeure : Jésus ne s'est pas marié et ne travaille pas !

Si Jésus n'emploie pas le mot « travail » pour lui-même, il emploie le mot « œuvre » – *abodah* en hébreu, *argon* en grec (d'où vient notre mot « liturgie »), *opus* ou *ministerium* en latin. L'œuvre, le travail de Jésus est de faire connaître son Père et faire entrer l'homme dans l'intimité de Dieu. *Par lui, tout s'est fait, et rien de ce qui s'est fait ne s'est fait sans lui. En lui était la vie, et la vie était la lumière des hommes* (Jn 17,3-4). L'œuvre du Christ est de faire la volonté du Père et ainsi de porter du fruit et de permettre à l'homme de porter du fruit à son tour. Ils sont nombreux, les passages du Nouveau Testament où le Royaume de Dieu est évoqué par des plantes en croissance. Rien n'est sans doute plus clair que l'enseignement sur la vigne :

> *Moi, je suis la vigne, et vous, les sarments. Celui qui demeure en moi et en qui je demeure, celui-là donne beaucoup de fruit, car, en dehors de moi, vous ne pouvez rien faire. Si quelqu'un ne demeure pas en moi, il est comme un sarment qu'on a jeté dehors, et qui se dessèche. Les sarments secs, on les ramasse, on les jette au feu, et ils brûlent. Si vous demeurez en moi, et que mes paroles demeurent en vous, demandez tout ce que vous voudrez, et vous l'obtiendrez. Ce qui fait la gloire de mon Père, c'est que vous donniez beaucoup de fruit : ainsi, vous serez pour moi des disciples.*
>
> *Jn 15,5-8*

La lumière du Christ éclaire les textes de la Genèse : toute la création est faite pour être « bonne », très « bonne », vivante, fructueuse et l'homme est fait pour que le dynamisme de cette création trouve son aboutissement en Dieu. Si Jésus est célibataire et ne travaille pas, ce n'est pas par mépris de la rencontre ou du labeur, c'est au contraire pour leur donner leur plein sens : celui de faire grandir dans la ressemblance de Dieu qui appelle à la vie, à une vie qui doit s'épanouir dans la profondeur des échanges trinitaires. Et Dieu donne beaucoup pour appeler à la vie !

La parabole des talents

Relisons Matthieu 15,14-31.

> *En effet, il en va comme d'un homme qui, partant en voyage, appela ses serviteurs et leur confia ses biens.*
>
> *Mt 25,14*

En effet: ces mots lient la parabole à la précédente, celle des dix vierges, qui avait pour but de décrire le Royaume de Dieu et la manière d'y entrer. On peut penser que les deux précédentes paraboles (celles du serviteur fidèle et celle des dix vierges) s'adressent à des responsables, alors que celle des talents s'adresse à tous.

Un homme partant en voyage: Matthieu place cette parabole dans la bouche de Jésus à la veille de sa mort. Cet homme sera, dans le corps de la parabole, appelé « Seigneur » (25,23) et l'on peut être tenté de voir dans cet homme Jésus; mais il est possible de faire de lui une image du Père. Dans les deux cas, c'est le thème de l'absence de Dieu qui est mis en avant.

> *À l'un, il remit cinq talents, à un autre deux, à un autre un seul, à chacun selon ses capacités; puis, il partit.*
>
> *Mt 25,15*

Le talent est devenu, en français, une qualité personnelle. Il ne s'agit pas de cela ici. Il s'agit d'une somme d'argent correspondant à six mille journées de travail. Cinq talents, c'est un siècle de travail. Le don dépasse très largement ce que l'homme peut espérer gagner par lui-même quelles que soient ses capacités.

> *Celui qui avait reçu les cinq talents s'en alla les faire valoir et en gagna cinq autres. De même, celui des deux talents en gagna deux autres. Mais celui qui n'en avait reçu qu'un s'en alla creuser un trou dans la terre et y cacha l'argent de son maître.*
>
> *Mt 25,16-18*

Littéralement, il faudrait lire : *Celui qui avait reçu les cinq talents travailla avec eux*. Il n'avait pas reçu de mode d'emploi, ni même d'ordre. Il avait été laissé à lui-même et, de lui-même, il a continué la création et, par sa créativité, est devenu aussi « productif » que Dieu. Le troisième homme n'est pas extraordinaire. Il ne faut pas oublier que l'argent n'est pas considéré comme il l'est aujourd'hui et que, à son époque, l'habitude de cacher son argent dans la terre est fréquente (Flavius Josèphe, un célèbre auteur juif, note que les Romains trouvèrent beaucoup de trésors de ce genre lorsqu'ils conquirent Jérusalem en 70). Le troisième homme n'est pas extraordinaire, et c'est pourtant sur lui que le narrateur dirige notre attention.

Le récit continue (Mt 25,24-28).

J'ai eu peur : la peur est la clef de son attitude. Certes, il essaie de justifier sa peur. Mais le patron retourne l'argument : Luc (dans le passage parallèle) lui fait dire : *Je prends dans ta bouche de quoi te juger*. Les autres serviteurs n'ont pas eu peur et n'avaient pas de raison d'avoir peur : la rencontre avec Dieu nécessite la confiance. *N'aie pas peur, sinon je te ferai avoir peur* (Jr 1,17).

Le dénouement approche (Mt 25,19-21). Les esclaves appartiennent au maître ; et ce qu'ils gagnent aussi.

Commencer par dire ce que le troisième a fait (ou n'a pas fait) éclaire l'action des deux premiers. Non seulement ils ont été habiles, mais, surtout, ils n'ont pas eu peur. Ils ont fait confiance. Ils ont « foncé » ! Ce qui est important n'est pas ce qu'ils ont gagné, mais leur confiance et leur créativité.

Le verdict est donc rendu (Mt 25,28-31). « La joie du maître » montrait déjà que la parabole était largement allégorique et invitait à méditer sur le Royaume de Dieu... Les pleurs et les grincements de dents ne font que renforcer l'appel à la responsabilité des chrétiens au cœur du monde, où ils peuvent avoir l'impression d'être seuls, sans Dieu.

Celui qui n'a pas, même ce qu'il a lui sera retiré. La phrase est difficile à la première lecture, et semble injuste. Mais comment quelqu'un peut-il dire qu'il n'a rien ? Tous ont reçu, chacun selon ses possibilités. Si quelqu'un n'a rien, c'est qu'il a enfoui la richesse que Dieu lui avait donnée (je rappelle qu'un seul talent équivaut à vingt ans de travail en un temps où l'espérance de vie active n'atteignait pas vingt ans).

Participer à la Création par le travail

Depuis longtemps, les chrétiens sont conscients de la valeur du travail. Le concile Vatican II l'exprime clairement. Je vous conseille la lecture de la constitution *Gaudium et spes*, au chapitre 34. Mais, à y regarder de plus près, la valorisation du travail n'est pas facile aujourd'hui pour nous chrétiens, d'une part parce que la tradition est plus nuancée qu'il n'y paraît, et, d'autre part, parce que notre monde a changé.

À vrai dire, la Bible ne valorise pas le travail ; pour elle, c'est un fait plus qu'une valeur ! La plupart des auteurs bibliques considèrent que le travail est chose normale, nécessaire. Il est dans la nature de l'homme de travailler et le Livre de l'Exode en fait un commandement. *Tu travailleras six jours, faisant tout ton ouvrage* (Ex 20,9). L'homme travaille à la manière de Dieu, lui, l'architecte, le semeur, le potier, lui qui conduit l'histoire (Ex 6,6) et qui jamais ne se fatigue ni ne se lasse (Is 40,28). La Bible condamne fermement le souci que peut donner le travail. Elle condamne la paresse et l'oisiveté, mais, pour autant, elle plaide pour la liberté intérieure qui permet de réfléchir à l'essentiel et d'aller vers ses frères et vers Dieu. Jésus, lui, abandonne son état de travailleur pour signifier que le travail n'est pas le tout de la vie.

> *Ne vous faites donc pas tant de souci ; ne dites pas : « Qu'allons-nous manger ? » ou bien : « Qu'allons-nous boire ? » ou encore : « Avec quoi nous habiller ? » Tout cela, les païens le recherchent. Mais votre Père céleste sait que vous en avez besoin. Cherchez d'abord son Royaume et sa justice, et tout cela vous sera donné par-dessus le marché. Ne vous faites pas tant de souci pour demain : demain se souciera de lui-même ; à chaque jour suffit sa peine.*
>
> *Mt 6,31-34*

Et le souci n'est pas la seule forme d'aliénation que les auteurs bibliques dénoncent à propos du travail : le travail peut avoir une finalité inutile (les linceuls n'ont pas de poches : cf. Qo 2,22-23), il peut être un moyen d'oppression vis-à-vis des esclaves, des vaincus, des pauvres. Et les prophètes de dénoncer tous les patrons injustes (cf. Jr 22,13-15).

> *Écoutez-moi, vous, les gens riches ! Pleurez, lamentez-vous, car des malheurs vous attendent. Vos richesses sont pourries, vos vêtements sont mangés des mites, votre or et votre argent sont rouillés. Cette rouille vous accusera, elle dévorera vos chairs comme un feu. Vous avez amassé de l'argent, alors que nous sommes dans les derniers temps ! Des travailleurs ont moissonné vos terres, et vous ne les avez pas payés ; leur salaire crie vengeance, et les revendications des moissonneurs sont arrivées aux oreilles du Seigneur de l'univers.*
>
> *Jc 5,1-4*

Si les chrétiens sont fiers de la valeur du travail, ce n'est pas par une approbation sans lucidité. Paul travaille de ses mains pour n'être à la charge de personne (1 Th 2,9), dans un monde où le travail manuel apparaît comme servile ; il demande aux Thessaloniciens de l'imiter.

> *Ayez à cœur de vivre calmement, de faire chacun ce que vous avez à faire et de travailler de vos mains comme nous vous l'avons ordonné. Ainsi, votre conduite méritera le respect des gens du dehors, et vous n'aurez pas besoin du secours des autres. Frères, nous ne voulons pas vous laisser dans l'ignorance au sujet de ceux qui se sont endormis dans la mort ; il ne faut pas que vous soyez abattus comme les autres, qui n'ont pas d'espérance.*
>
> *1 Th 4,11-13*

On peut penser que les premiers chrétiens ont vu dans le travail l'opportunité de pouvoir partager en mettant leurs biens en commun et en secourant les pauvres. Petit à petit, la tradition chrétienne réfléchira à la place du travail dans la vie (cette réflexion a donné le jour à la pensée sociale de l'Église, dont le Concile exprime l'essentiel *Gaudium et spes*, 35). Mais nous ne sommes plus, ni aux temps bibliques, ni même aux temps du Concile, et les débats récents sur la retraite ont largement montré une évolution dans la conception que beaucoup se font aujourd'hui du travail. Nous ne sommes pas ici obligés de refaire toute l'histoire du travail, mais il faut reconnaître que celle-ci éclaire ce que nous en pensons aujourd'hui.

La civilisation grecque refuse le travail manuel, qu'elle confie aux esclaves. Encore au XVIIIe siècle en France, les classes dirigeantes sont composées de personnes qui ne travaillent pas (les nobles et les clercs) au sens ordinaire du travail : « action volontaire guidée par la raison, une intention et une méthode pour permettre la satisfaction des besoins ». Au XIXe siècle, on peut faire une campagne électorale en s'affichant comme rentier et le débat actuel sur les retraites montre que beaucoup aspirent à être délivrés du travail pendant un temps de leur vie pour « mener une existence de rentier ». Toutefois à partir du XVIIIe siècle, les penseurs valorisent le travail comme une manière de maîtriser la nature à l'aide de la science et de la technique, et ils voient dans le travail une occasion de devenir soi-même. *La science oisive ne vaut guère mieux que la science de l'oisiveté… Le travail est aussi nécessaire au corps pour le maintenir en santé que le manger pour le maintenir en vie* (Karl Marx, *Le Capital*, 4e section). *Je n'aime pas le travail, nul ne l'aime, mais j'aime dans le travail l'occasion de se découvrir soi-même* (J. Conrad, *The heart of darkness*). Marx, pour autant, dénonce les conditions concrètes de travail : pour lui, c'est le lieu de l'exploitation et du vol par les capitalistes de la plus-value qu'il engendre. *Quand le travail est un plaisir, la vie est belle ! Mais quand il nous est imposé, la vie est un esclavage* (Maxime Gorki, *Les bas-fonds*). Entre les tenants de l'accomplissement par le travail (les libéraux) et les tenants de l'aliénation par le travail (les marxistes), la lutte est sans fin... Elle est marquée par des grèves qui, de l'extérieur, n'ont pas toujours un but clairement identifié, mais qui servent, pratiquement toujours, à manifester le refus de l'aliénation et la recherche de dignité.

Mais nous ne sommes plus au XXe siècle et l'histoire du travail se complique encore :

> *Nos grands-parents, en 1914, avaient une espérance de vie moyenne de 500 000 heures. Ils travaillaient 200 000 heures. Aujourd'hui, l'espérance est passée à 700 000 heures, mais, on ne travaille plus en moyenne que 63 000 heures. Cela veut dire que, temps de travail déduit, le Français dispose en moyenne de 400 000 heures pour des loisirs et des activités diverses.*
>
> François Boursier

La diminution du temps de travail s'est accompagnée d'une densification de celui-ci (la productivité française, malgré les 35 heures, est parmi les toutes premières du monde), d'une financiarisation de l'économie (qui dépend largement plus des cours de la Bourse que des relations personnelles), et d'une technicisation des tâches (en particulier par l'informatique, qui fait que l'on ne travaille plus sur la réalité mais sur des signes de celle-ci), sans parler des augmentations des temps de transport.

Là où nos grands-parents affirmaient sans ambages que l'oisiveté est mère de tous les vices, il nous faut apprendre à donner du sens à notre temps libre et à veiller à ce que notre travail ne tue pas notre capacité à vivre humainement. Il semble que participer à l'acte créateur nous demande plus de réflexion que cela n'en demandait à nos pères. On parle de développement durable. Il faudrait aussi parler de travail durable, celui qui permet de grandir ! Au fond, le travail peut avoir une dizaine de fonctions. Certaines sont absolument vitales, et il faut quelquefois s'y soumettre pour survivre, d'autres sont nécessaires mais appellent à faire des choix.

Le travail permet de gagner de quoi manger et de nourrir sa famille, le travail offre une sécurité contre les aléas de la vie – je pense au travail des femmes –, le travail permet d'accéder à certains biens de consommation et de vivre agréablement des loisirs, le travail fait entrer dans une société, un milieu, et crée du lien social, le travail permet une promotion sociale (je pense aux migrants de mon diocèse), le travail donne une identité, une place dans la société (même si, aujourd'hui, être professeur, médecin ou prêtre n'offre plus la même valorisation sociale qu'hier), le travail fait accéder à certains savoirs et certains pouvoirs, le travail permet de faire naître une « œuvre » (je pense à la personne qui fabrique une belle pièce, un chef-d'œuvre ou une fusée), le travail permet de se réaliser – d'être soi-même, le travail peut avoir une vraie fonction spirituelle et être une base pour offrir le monde aux autres hommes et à Dieu.

Qohelet affirmait : *Il y a un temps pour tout*. Il y a un temps pour le travail – en souhaitant que son lien avec la création soit le plus clair possible – et un temps pour autre chose. Dieu crée et l'homme crée aussi en dehors du travail. Même si c'est à tort, l'épisode de Marthe et Marie dans l'Évangile a souvent été lu comme la nécessaire tension entre action et contemplation.

> *Les travailleurs doivent aussi avoir la possibilité de développer leurs qualités et leur personnalité dans l'exercice même de leur travail. Tout en y appliquant leur temps et leurs forces d'une manière consciencieuse, que tous jouissent par ailleurs d'un temps de repos et de loisir suffisant qui leur permette aussi d'entretenir une vie familiale, culturelle, sociale et religieuse. Bien plus, ils doivent avoir la possibilité de déployer librement des facultés et des capacités qu'ils ont peut-être peu l'occasion d'exercer dans leur travail professionnel.*
>
> Vatican II, *Gaudium et spes*, 67

Participer à la création par le loisir

Il y a un temps pour tout. Voire ! Pour beaucoup, nous avons l'impression de ne pas avoir le temps, ou, quelquefois, de ne pas savoir que faire de notre temps. Nous rêvons de repos et nous nous en voulons quelquefois de regarder la télévision au point de perdre notre temps. Y a-t-il une manière chrétienne de ne pas travailler ? Pendant des siècles, la question ne se posait pas : il fallait travailler, dormir, prendre le temps de la fête dans les interstices et recommencer. Aujourd'hui, nous disposons de quatre cent mille heures de loisirs. Même si l'on ôte les temps de transport, il en reste beaucoup ! Les loisirs donnent du temps au délassement, au divertissement et au développement. À l'évidence, nous avons besoin des trois.

Il est bien de rêver… Et rien n'est plus agréable que de préparer des vacances où tout est possible tant que l'on rêve. Il est bien de se mettre au service des autres et beaucoup d'obligations peuvent nous incomber, notamment dans la vie familiale, mais un sens exacerbé du devoir peut cacher un refus d'aller jusqu'à soi, une fuite de notre être profond. Le loisir, les vacances, la retraite sont d'abord des écoles d'apprentissage ou de réapprentissage de l'amour de la vie. Il existe en chacun de nous une capacité d'admiration devant la nuit et le jour, devant les étoiles et la mer, devant les animaux, devant les hommes et les femmes, devant les constructions humaines qui viennent de notre création à l'image de Dieu : *Et Dieu vit que cela était bon*. Il existe en nous une capacité de relation, d'amitié, qui a besoin de temps et d'ouverture.

Le loisir est le temps d'apprentissage à la vie avec Dieu, où le temps est donné de rencontrer vraiment, d'admirer vraiment. Le loisir nous est donné pour apprendre l'éternité de Dieu. Grâce à toutes les technologies, nous sommes en « temps réel » (*live*, disent les Anglo-Saxons) partout et avec tous. Mais cela peut nous donner l'illusion d'être comme Dieu, de savoir immédiatement ce que sont le bien et le mal. La condition humaine doit se tricoter avec le temps. Il nous faut du temps pour comprendre l'autre, pour analyser une situation, pour savourer. Notre ressemblance avec Dieu n'est véritable que si nous refusons la déglutition trop rapide. Lorsque nous allons trop vite, nous nous mettons au centre du monde, nous nous enfermons dans notre domaine, nous oublions l'épaisseur de la réalité.

Le loisir donne du temps au jeu

Pour les enfants, le jeu est un espace de liberté, un moment de plaisir, une manière de se découvrir, de se maîtriser en suivant une règle, d'aimer ce qui est gratuit. Le jeu est incontestablement une activité où l'on reconstruit son monde en utilisant de manière « sauvage » les composantes de notre réel. Le jeu ouvre l'imagination et permet de devenir un « créateur » en société. Le loisir donne du temps à la création artistique ou à la participation à cette création.

> *Avant de peindre un bambou, il faut que le bambou pousse en notre for intérieur. C'est alors que, le pinceau en main, le regard concentré, la vision surgit devant nous.*
>
> François Cheng, *Vide et plein*,
> Paris, Seuil, 1991, p. 46

Le loisir, c'est le temps donné pour arrêter le temps et faire entrevoir l'éternité et, dans cette vision, être capable d'entrer dans l'acte créateur : l'homme peut faire apparaître des mondes, raconter des histoires, inventer des harmonies ; il crée à partir du silence, comme Dieu rythme sa Création au gré des nuits et des jours. Mais la création de l'homme diffère de celle de Dieu, non seulement parce que l'homme crée à partir de ce qu'il a reçu, mais parce qu'il crée dans un monde marqué par le mal. Dans la Genèse, l'homme doit faire effort pour se tenir debout.

La création humaine (à laquelle nous sommes tous appelés) est une des multiples manières de communiquer, et elle n'est véritable que si elle nous exprime le plus totalement possible. Et nous ne pouvons pas être nous-mêmes sans les autres. Notre langage, nos techniques sont toujours en grande partie reçus et beaucoup de nos stérilités viennent du fait que nous ne le reconnaissons pas, ou que nous n'assimilons pas ce que nous avons reçu.

Recevoir n'est pas suffisant. L'enfant, l'artiste, le grand maître qui joue isolent en ce qu'ils reçoivent un élément qu'ils « intensifient ». Vous vous promenez dans la montagne, et vous voyez une feuille morte qui vous « parle », vous la regardez comme un photographe cadre son sujet et vous lui donnez une signification : peut-être est-ce là votre manière d'avoir le regard de Dieu sur cette feuille. Mais, là encore, nous ne sommes pas Dieu car cette feuille morte, si elle en appelle à ma sensibilité, c'est qu'elle dit quelque chose que je ne sais pas définir ; elle ouvre une brèche, une blessure indéfinissable et qui, quelques instants auparavant, n'était pas prévisible. D'une certaine manière, nous ressemblons tous à ces enfants qui ramènent à la maison un caillou qui leur semble unique et – ils le souhaitent – pour les autres. Le caillou, comme notre feuille morte, comme le bambou du peintre prennent valeur de don personnel et d'appel à communiquer : ce don est un appel à la création, ici minime, mais majeure chez les grands artistes.

La musique a ceci de commun avec la poésie et l'amour, et même avec le devoir : elle n'est pas faite pour qu'on en parle, elle est faite pour qu'on en fasse, elle n'est pas faite pour être dite mais pour être jouée.

Vladimir Jankélévitch, *La musique et l'ineffable*, Paris, Armand Colin, 1983, p. 101

Ce qui est sans doute admirable dans la démarche de création, c'est la disponibilité, l'abandon qu'elle suppose. Le soucieux, le rapide, le pressé ne verront rien, là où celui qui ne fait rien apparemment voit et crée. Cet abandon suppose une véritable « humilité », une capacité de sortir de soi pour accueillir avec confiance. Et lorsque celui qui « crée » s'abandonne totalement, la création peut atteindre une simplicité qui parle à chacun avec force. Mais cette simplicité – celle d'un Fra Angelico, par exemple – n'est pas facile à atteindre : dans nos manières de voir, de tenter de créer, il existe toujours une sorte de refus de se laisser aller, de s'abandonner, un refus du sabbat de Dieu qui ose se reposer parce qu'il est et qu'il n'a rien à prouver. La création humaine peut même masquer le chemin de Dieu et donner l'illusion que l'on peut aller à l'essentiel sans recevoir de Lui, la source de toute création, la grâce – qui, elle, ne nous est donnée que par la Croix.

L'homme a été créé créateur. Dieu lui a donné les moyens et la responsabilité de continuer l'œuvre créatrice : non seulement l'homme peut être créateur par son travail, mais aussi par ses loisirs et il est appelé à l'être à sa mesure suivant son « talent ». Certes, cette création n'est pas du même ordre que celle de Dieu et suppose, pour s'inscrire dans celle de Dieu, une purification de la volonté, un abandon, mais aussi un esprit de lutte pour s'arracher aux entropies et aux injustices.

Dans ces quelques notes, nous n'avons pas parlé du travail familial : il est capital, mais d'un autre ordre : il est partie de la paternité ou de la maternité dans lesquelles femmes et hommes doivent entrer en premier pour être « à l'image du Père ». Cela dit, ce soin de la maison (étymologiquement), cette économie est probablement une sorte de cadre pour penser toute la création humaine. Il suffit de regarder des parents et des grands-parents autour d'un berceau : leurs regards voient certes un bébé sans autonomie et fragile : sa présence crée une sorte de communion parce que chacun espère au-delà de ce qu'il voit. Cela ne veut pas dire que les uns ou les autres ne pensent pas aux difficultés qui l'attendent, mais la fragilité même de l'enfant fait naître une tendresse qui ne demande qu'à être créatrice d'une nouvelle humanité.

Questions

- En quoi l'homme et la femme peuvent-ils participer à la création du monde ? Et nous, plus particulièrement ?

- Quels sont vos talents ? Comment les mettez-vous en œuvre ? Avez-vous confiance en vous ? En Dieu ?

- Est-ce que votre travail donne sens à votre vie ? Pourquoi ?

- Pensez-vous que vos loisirs vous fassent grandir ?

- Quels arts appréciez-vous ? Quelle place donnez-vous à l'art dans votre vie ? Essayez-vous de développer votre créativité ?

Oser la vulnérabilité

Je ne sais si je peux vous invoquer
Si je peux vous demander votre prière…
Je ne sais si je peux dire saint Adam et sainte Ève
Vous avez péché et cela devrait m'arrêter !
Mais, après tout, bien des saints ont été criminels
Et ont fini par trouver le chemin.

Vous qui avez inventé le premier baiser,
Vous qui, pour la première fois, avez dit « Toi » à l'autre,
Vous qui avez découvert la route de la vie,

Toi Ève, notre origine, la vivante, la vie,
Toi Adam, notre enracinement,
Toi, le premier paysan,

Je ne sais si je peux vous invoquer et me joindre à votre prière,
Seigneur, malgré tout,
Malgré moi,
Donne-moi la force d'aimer
Et, comme vous, d'affronter mon humaine condition.

La chute

Commençons par relire Genèse 3,1-6. L'auteur n'y a pas eu l'intention d'exposer la doctrine du péché originel. Il y aurait anachronisme à le penser. Le mal, dont l'homme est l'acteur, est un fait pour l'auteur ; son problème est d'essayer de rendre compte de ce fait qui le choque – comme il nous choque – d'autant plus qu'il croit l'homme à l'image de Dieu, bénit et consacré par celui-ci.

Sa thèse peut se résumer simplement, même s'il convient de s'attarder pour en rendre compte. L'homme est libre. En ce sens-là, il ressemble à Dieu. Mais il est limité, et donc exclu de la possession de l'infini, auquel pourtant il appartient et qu'il désire. Grâce au langage, il peut s'interroger sur cette sorte de dichotomie. Pour dire les choses autrement, la possibilité de se détourner de Dieu appartient à la liberté qui le constitue à l'image de Dieu : c'est parce qu'il est image de Dieu qu'il a la possibilité de dire non. Sans cette possibilité, il serait un animal ou une chose.

Pour notre auteur, c'est l'exercice de la liberté qui fait advenir l'homme et la femme à eux-mêmes, et cela à cause ou grâce à la faute. Avant la faute, la femme n'est pas nommée autrement que femelle. Après, elle s'appellera Ève (Gn 3,20). Clairement, notre auteur se penche sur ce qu'est la liberté humaine. Adam et Ève ont tout. Un peu comme des enfants. Le serpent leur fait penser le contraire : « Dieu a tout et vous n'avez rien. » Si je parle ici d'Adam et Ève (alors que seule Ève semble avoir été tentée), c'est que, dans le texte, l'interdiction reprise par le serpent n'a pas été donnée à Ève, mais à Adam, avant la création d'Ève. Le serpent ouvre en Ève un espace pour le désir. Il absolutise l'interdit et met dans la tête d'Ève l'idée d'un Dieu mauvais et jaloux, idée qui n'a pas de fondement. Au fond, Ève veut devenir ce qui, déjà, la constitue, être à l'image de Dieu. Comment ne pas apprécier cette ambition ? Mais elle n'accepte pas la différence et la vit comme une frustration : si je n'ai pas ce que possède l'autre, si je ne possède pas ce qu'il a, je ne suis rien, je n'existe pas…

Aujourd'hui, Ève dirait : « j'ai le droit » de cueillir et de manger cette pomme. Lorsque nous disons : « j'ai le droit », c'est souvent pour dire que nous voulons agir sans tenir compte des autres. En tout cas, Ève se cache peut-être à elle-même son désir pour ce fruit attirant, mais, surtout, elle abandonne le langage d'une relation pour accueillir celui d'une généralité : *Vous serez comme des dieux, connaissant le bien et le mal.* Le péché réside toujours dans l'abandon de la relation pour une action qui se camoufle derrière une abstraction. Le péché réside dans l'oubli de la confiance.

La naissance de l'humanité

Revenons un instant à l'ordre initial : *Tu pourras manger (manger) de tout arbre de ce jardin, mais tu ne mangeras pas de l'arbre de la connaissance du bien et du mal, car, le jour où tu en mangeras, tu devras mourir.* En examinant le texte au plus près, on remarque (Gn 2,16) que l'ordre de Dieu était formulé par l'expression *Akhol Tokhal*, avec redoublement de la racine *khl-* qui indique un pouvoir, une progressivité du « manger ». *Tu pourras en manger.* L'interdiction de manger de l'arbre de la connaissance, elle, ne porte pas ce redoublement ; l'ordre pourrait se traduire : tu ne mangeras pas, tu n'engloutiras pas, tu ne t'approprieras pas goulûment. Il existe un autre redoublement de verbe, à propos de la mort. Le redoublement des mots (« de mort tu mourras », devrait-on traduire), introduit l'idée qu'une consommation brutale serait subtilement morbide. Tout se passe comme si Dieu disait à l'homme : tu peux prendre de tout, mais si tu prends tout, tu seras seul, sans relation, et tu mourras.

Résumons-nous : Ève voulait devenir « comme Dieu » ; mais elle oublie pour cela que Dieu est confiance. Elle va connaître le bien et le mal, certes, et, de fait, elle va connaître avec Adam son inexistence, sa nudité, son manque d'être. Son péché n'est pas d'abord une transgression, mais une sorte de panne de la relation, qui détruit le bien-être (au sens fort) que lui donnait ce lien simple avec Dieu, et l'introduit dans l'insécurité. Mais aussi, paradoxalement, dans une sorte d'âge adulte.

Car il va falloir faire face… Ce texte, pour la première fois de la Bible, évoque la mort. À l'évidence, ni Adam, ni Ève n'en ont l'expérience, et nous avons peine à imaginer ce qu'ils ont pu ressentir ou même ce que l'auteur veut nous faire comprendre. Le lien entre « manger » et « mourir » est clair : *Si tu manges, tu meurs*. La connaissance du bien et du mal a une influence directe sur le corps. L'immatériel – la connaissance, j'allais dire ce qu'on ne voit pas, qui ne se palpe pas –, a une influence directe sur la vie, sur ce qui se voit. Dieu, dans notre texte, met l'homme et la femme devant une alternative : vivre dans la confiance, malgré le manque, ou mourir… Si tu ne fais pas confiance à l'Invisible, tu entreras dans le domaine du périssable.

Beaucoup interprètent ce *tu mourras* comme un embryon de loi assortie, comme il sied à toute loi, d'une sanction. Mais, un peu plus loin, ils se trouvent embarrassés car Adam et Ève ne meurent pas sur le coup. Pour le moins, la sanction est différée : la mort annoncée n'empêche pas de vivre ! Ève va être qualifiée, ensuite, de « la vivante ». On peut penser que ce qui peut passer pour un ordre n'est qu'un constat : l'usage de la liberté et l'entrée dans la connaissance – même par effraction – donnent la possibilité d'oublier le donateur de la création (curieusement, l'arbre qui était nommé arbre de la connaissance du bien et du mal devient qualifié « seulement » de séduisant à voir et suscite un désir limité aux apparences) et fait connaître à l'homme sa limite, sa mort.

Saint Irénée affirme qu'avant d'être « Dieu », il faut d'abord apprendre à être homme par l'expérience du bien et du mal.

« J'ai dit, déclare-t-il, vous êtes des dieux, vous êtes tous les fils du Très-Haut. » Mais nous, nous ne pouvons supporter le poids de la puissance divine. Aussi ajoute-t-il : « Mais vous, comme des hommes, vous mourrez. » C'est rappeler à la fois sa généreuse libéralité à lui et, de notre côté, notre faiblesse ainsi que notre libre arbitre… Il fallait qu'apparût d'abord cette nature pour qu'ensuite l'immortalité triomphe de la mortalité et qu'enfin l'homme advienne à l'image et à la ressemblance de Dieu, lorsqu'il avait reçu la connaissance du bien et du mal.

Saint Irénée, *Contre les hérésies*, Livre IV

La naissance de l'adulte

Tous les deux, l'homme et sa femme, étaient nus, et ils n'en éprouvaient aucune honte l'un devant l'autre.

Gn 2,25

Le Seigneur Dieu appela l'homme et lui dit : « Où es-tu donc ? » L'homme répondit : « Je t'ai entendu dans le jardin, j'ai pris peur parce que je suis nu, et je me suis caché. »

Gn 3,9-10

Les très jeunes enfants n'ont pas honte de leur nudité parce qu'ils sont indifférents au regard de l'autre. La honte est la marque d'une humanité qui se soucie des autres, qui veut faire société, quitte à se soumettre aux règles de bienséance. Et l'adolescent qui découvre la honte est un adolescent qui commence à avoir une image du monde et une inquiétude sur ce que doit être sa place dans ce monde.

La « faute » d'Adam et Ève leur fait entendre une question essentielle : « Où es-tu ? », « Quelle est ta place ? » Il faut du temps pour exister dans ce monde que l'on découvre, sans avoir ni honte ni peur de la honte. Un des secrets pour vivre tranquillement en société est de se savoir aimé tel que l'on est, dans sa pauvreté, dans sa nudité. Découvrir cela devant Dieu est une expérience de passage de l'image à la ressemblance. Pour être adulte, homme ou femme, il convient d'être libre et d'exercer sa liberté. Marie, bien plus tard, le fera en se reconnaissant pauvre, humble servante. En se donnant librement. Malheureusement, depuis Adam, la plupart d'entre nous découvrent leur liberté en disant non, ou en oubliant le Créateur.

Le serpent est le premier atteint par la faute. Manger la poussière est le propre des vaincus. Dans le rapport avec l'humanité, il sera atteint à la tête, dans son principe. Le paragraphe concernant la femme commence en fait par une répétition : *Je multiplierai, je multiplierai des promesses.* Ceci peut avoir le sens traditionnel, mais peut aussi s'entendre : « J'augmenterai progressivement ta fécondité. » La femme n'est pas condamnée à la stérilité, mais à la grossesse, qui est une lente élaboration. Ce qui est certain, c'est que le désir de la femme ne sera pas dirigé vers le fruit de la connaissance, ni vers le serpent, mais vers l'homme qui le régulera. On notera qu'Adam avant la faute était cité en premier. Après la faute, c'est Ève qui, grâce à la maternité, est devenue première. Au jardin de l'Éden, l'homme n'avait qu'à cueillir et ramasser pour se nourrir. Le texte est formel. Dorénavant, il peut certes manger de tout, mais cela lui demandera un effort, du temps. L'effort fait partie de la conquête de son humanité… Le temps est celui qu'il faut attendre pour la germination et de la récolte. La femme par l'enfantement, l'homme par le travail deviennent homme et femme parce qu'ils doivent inclure le temps dans leur vie.

> *C'est à la sueur de ton visage que tu gagneras ton pain, jusqu'à ce que tu retournes à la terre dont tu proviens ; car tu es poussière, et tu retourneras à la poussière.*
>
> Gn 3,19

Il est clair que la chute entraîne un changement. Nous sommes partis de la nécessité de compter avec le temps et avec la mort. Mais la chute n'entraîne ni la stérilité, ni l'inutilité du travail : *Tu retourneras* ; (se) retourner peut vouloir dire (se) convertir. L'homme né de la terre doit se convertir en se souvenant d'où il vient et où il va. Le travail lui permet d'exercer consciemment, avec le temps, sa responsabilité d'entretenir et garder la terre.

On comprend alors que nous venons de vivre le récit de la naissance de l'humain tel qu'il est : *L'homme appela sa femme Ève* (c'est-à-dire : la vivante), *parce qu'elle fut la mère de tous les vivants* (Gn 3,20). Elle est mère des vivants, alors que Dieu est le Vivant par excellence : le travail, la souffrance, font partie de la condition humaine, mais la vie aussi, la vie d'abord, la vie signe de cette bénédiction initiale, de la consécration de l'homme et de la femme, consécration qui demeure malgré tout. *Alors le Seigneur Dieu le renvoya du jardin d'Éden, pour qu'il travaille la terre d'où il avait été tiré* (Gn 3, 23). L'homme pensait être Dieu – être comme Dieu – en mangeant de l'arbre de la connaissance du bien et du mal. Sa liberté lui a permis de devenir humain, tout en restant à l'image de Dieu. Mais, paradoxalement, elle l'a séparé, par manque de confiance, de Celui auquel il aspirait à ressembler.

Notre auteur affirme que Dieu veut éviter à l'homme et à la femme de recommencer à poser un acte qui les figerait dans un temps hors du temps et qui, de fait, les ferait vivre sans vraiment vivre. L'homme est comme séparé (plutôt que renvoyé de l'Éden), renvoyé à sa terre originelle pour s'inscrire dans le temps et les chérubins protègent le chemin de vie, non pour en interdire l'accès, mais pour que la confiance, qui est la manière propre d'y accéder, soit au cœur de ceux qui voudront y parvenir. *Heureux ceux qui lavent leurs vêtements pour avoir droit aux fruits de l'arbre de vie, et pouvoir franchir les portes* (Ap 22,14).

Caïn et Abel

L'histoire continue.

> *L'homme s'unit à Ève, sa femme : elle conçut, et elle mit au monde Caïn. Elle dit alors : « J'ai donné la vie à un homme avec l'aide du Seigneur ! » Dans la suite, elle mit au monde Abel, frère de Caïn. Abel devint berger, et Caïn cultivait la terre.*
>
> *Gn 4,1-2*

Le nom de Caïn (*qayn*) est proche du verbe *qanah*, qui signifie acquérir, d'où le jeu de mots du premier verset. À la suite de la chute, Dieu avait dit à la femme que son désir la pousserait vers son homme et qu'elle serait la vivante parce qu'engendrant des vivants.

C'est ce qui arrive. Mais pas tout à fait ; Ève n'arrive pas à tenir ce programme. Caïn vient d'elle. Il est à elle. Elle croit le mériter. Elle considère Caïn comme son objet (Caïn n'est presque pas un nom propre) et oublie Adam, à qui elle ne semble pas reconnaître de paternité : son homme, c'est son fils, c'est celui qu'elle a fait et qui lui appartient. C'est acquis. Elle oublie la relation avec Adam. Du coup, Caïn ne sera pas propagateur de la vie, mais de la mort.

Abel vient de l'hébreu *habel*, qui signifie « fumée », « ce qui n'a pas d'importance ». C'est le mot employé par Qohelet et que l'on traduit alors vanité (*Vanité des vanités*…). Quelqu'un qui ne compte pas. On apprendra, plus tard, que Dieu agit souvent par ceux qui ne comptent pas.

> *À l'époque habituelle, Caïn présenta des produits de la terre en offrande au Seigneur. De son côté, Abel présenta les premiers-nés de son troupeau, en offrant les morceaux les meilleurs. Le Seigneur tourna son regard vers Abel et son offrande.*
>
> Gn 4,3-4

Le texte est précis. Caïn offre une chose dans laquelle il ne s'est pas investi. C'est un semblant d'offrande. Une offrande superficielle. Abel offre quelque chose qui le représente : le texte dit : *Les aînés de* ***ses*** *bovins.* Dieu va refuser ce qui n'est pas vrai et accepter ce qui vient du cœur. Caïn est jaloux.

> *Si tu agis bien, tu pourras relever ton visage. Mais si tu n'agis pas bien, le péché est accroupi à ta porte. Il est à l'affût, mais tu dois le dominer.*
>
> Gn 4,7

Une fois encore, le péché est présenté comme extérieur à l'homme. Ici est évoquée l'image d'une bête tapie, qui menace, mais que l'homme peut vaincre s'il *agit bien* et se redresse, j'allais dire se prend en main pour se conduire véritablement en homme debout !

Mais qu'est-ce à dire ? Que doit-il faire ?

Le texte est silencieux à ce sujet. L'appel à la responsabilité est clair, mais, pour autant, Dieu respecte la liberté de Caïn : celui-ci doit chercher en lui-même le chemin du bien, même si l'encouragement de Dieu est une aide précieuse pour cette recherche.

Caïn tue. Il affirme, contre toute évidence, ne pas être responsable de la mort de son frère. Il prend conscience de sa rupture avec Dieu et avec le monde. Dieu, dans un ultime geste, trace sur Caïn une marque qui signifie son lien avec lui, pour éviter qu'on ne fasse à Caïn ce qu'il fit à son frère. Ce n'est plus une ressemblance, mais une marque, un lien. Même si Caïn semble, d'une certaine manière, le refuser : *Caïn s'éloigna de la présence du Seigneur et habita dans le pays de Nod à l'orient d'Éden* (Gn 4,16). Caïn rompt avec Dieu. Il s'installe au pays de l'errance (Nod vient du mot qui veut dire vagabond). Et prétend être en amont (à l'orient de la création divine). Il se pose en concurrent.

Adam et Ève eurent un autre fils, Seth. L'auteur donne à penser que Seth est à l'origine du peuple des croyants.

Si Caïn est à l'origine d'une humanité blessée et portant seulement un signe d'appartenance à Dieu, signe qui indique une dignité même si le lien avec Dieu est refusé, Seth et les croyants gardent pleinement le pouvoir d'engendrer des enfants à l'image et ressemblance de Dieu (Gn 5,1-4).

Dieu créa l'homme à son image. L'auteur de la Genèse, en son premier chapitre, en partant de son expérience mais en faisant abstraction de sa vie quotidienne, donna le sens profond, j'allais dire ontologique, de cette affirmation. Cela dit, nous ne vivons pas dans l'ontologie. Nous vivons au jour le jour. Ni nous dans notre miroir, ni nos voisins ne ressemblent au portrait tracé au début de son œuvre.

La suite du Livre semble nous dire : Je sais.

Je sais la limite, la convoitise, la jalousie, les à-peu-près. Je connais le rictus de la haine et le sourire des enfants. Je sais la peur de la mort et le sentiment que le temps passe irrévocablement.

Je sais la condition humaine.

Je sais la nécessité de s'inscrire dans le temps qui passe.

Je sais la nécessité de s'inscrire dans la réalité.

Je sais la nécessité du travail et du rapport par le travail avec l'univers.

Je sais la nécessité de la relation.

Je sais tout ce que l'homme peut défigurer dans l'homme avec le temps, la société, le travail et la relation.

Je sais que la liberté peut éloigner silencieusement de Dieu, peut refuser brutalement et volontairement tout lien avec Dieu…

Mais j'affirme croire que Dieu continue à marquer chaque être.

Mais j'affirme croire que, malgré sa fragilité, chacun est fait pour Dieu et que, plus ou moins ostensiblement, il dégage une image et une ressemblance avec Dieu.

J'affirme que l'homme dépasse infiniment l'homme.

Je l'affirme en regardant le nouvel Adam.

Le premier Adam était fait pour la gloire – comme nous sommes faits pour la gloire.

Tous les humains sont des Adam, dilapidant leur richesse, leur gloire. Il ne leur reste quelquefois que la nostalgie de la gloire.

Mais Dieu n'abandonne pas les hommes.

Lui qui a fait l'homme à sa ressemblance s'incarne à l'image de l'homme.

Il a pris *la chair du péché* (Rm 8,3). Il visite l'homme et l'entraîne de nouveau vers la gloire qui lui était destinée.

Dans cet accompagnement, il n'y a pas un rêve de sortie de la condition humaine.

Il n'y a aucune notion de peur, ni d'enfer, ni de flammes…

Le nouvel Adam remplit parfaitement le programme d'Adam : il est chemin d'humanité.

Questions

- Jusqu'où faut-il aller pour être libre ? Quelle est votre expérience en ce domaine ?

- La pensée de la mort influence-t-elle votre vie ?

- Pour la compliquer ? Pour la simplifier ?

- Pensez-vous que l'effort soit nécessaire pour devenir véritablement humain ? Quel type d'effort pensez-vous devoir privilégier ?

- Acceptez-vous d'être vulnérable ? De manquer ?

- Si vous aviez à donner une définition du péché, que diriez-vous ? Et du péché originel ?

Oser être père

Nous t'adorons, Dieu notre Créateur et notre Père
De toute éternité, tu as voulu nous parler, dire ton amour
Et tu as fait le monde par ta Parole d'amitié pour nous, pour moi.
Aujourd'hui encore, tu ne cesses de soutenir notre existence et de guider notre vie.
Tu as voulu que ta Parole nous accompagne tout au long de nos jours,
Et tu as fait de Jésus notre frère.
Nous n'arrivons pas à comprendre un amour comme le tien
Mais de notre cœur jaillit un mot, merci.
Fais que notre merci nous engage à devenir comme Jésus
Un frère universel pour te glorifier.

J'aime la lettre de Paul aux Éphésiens (Ep 1,16-23 ; 3,14-15). J'aime aussi expliquer pourquoi : certains exégètes doutent qu'elle soit de saint Paul. Ils ont peut-être raison, mais je ne doute pas qu'il exprime la pensée du vieux Paul en prison, méditant sur l'échec apparent de sa vie et, malgré tout, espérant contre toute espérance (cf. Ep 3,1).

J'aime ce texte parce qu'il est une prière. Paul, dans sa prison, se met à genoux, la tête entre les mains, et parle en exprimant à Dieu ce qu'il a dans le cœur, nous aidant à découvrir ce qui est sans doute enfoui dans le nôtre. Ce n'est pas un catéchisme, une formule dogmatique, c'est un soupir, une reconnaissance. Donc, Paul prie. Il prie, apparemment, pour les chrétiens d'Éphèse, mais il n'est pas sûr que, malgré son nom, la lettre aux Éphésiens leur soit vraiment destinée (le nom d'Éphèse manque dans nombre de manuscrits). C'est plutôt une lettre aux chrétiens, et donc à vous et à moi.

Paul, l'homme qui a passé sa vie à annoncer le Christ, prie pour que les chrétiens découvrent l'ampleur extraordinaire du don de Dieu : toute la prière de cet apôtre est comme marquée par la réunion entre ce don et l'appel à des croyants de bonne volonté à prendre conscience et à vivre pleinement du présent qui leur est fait.

J'hésite toujours à commenter une prière. Ce qui s'exprime dans le cœur à cœur doit s'interpréter avec le cœur ! Je me permets cependant de souligner quelques points forts de ce qui me touche dans ces lignes. Le but de la vie de Paul est comme indiqué par la fin de notre texte. Paul désire que nous soyons *comblés jusqu'à entrer dans la plénitude de Dieu*. Ces mots devraient nous bouleverser ! Si Dieu est Dieu qu'est-ce que l'homme pour *entrer dans la plénitude de Dieu* ? Pour un prédicateur, il est facile de faire prendre conscience de la petitesse de chacun, de la faute, du péché, de la mort : que sais-je ? Mais faire prendre conscience de cet appel à entrer dans la plénitude de Dieu semble être une mission impossible !

Et pourtant ! Paul affirme que cette plénitude habite en Jésus Christ. Pour lui, la Résurrection de Jésus est un signe de sa divinité et de sa puissance infinie. Il est sans doute bon de s'arrêter quelques instants sur ce qu'elles signifient pour nous. Nous pensons assez facilement que l'homme ou la femme ne sont « pas grand-chose ». Ce n'est pas l'avis de Dieu. Nous avons été créés à l'image et à la ressemblance de Dieu pour entrer dans la plénitude de Dieu et faire société avec lui. Ce que Jésus a reçu, les chrétiens le reçoivent. Comme lui, ils partagent une nature humaine capable de Dieu, mais – et cela est particulier aux chrétiens dans l'Église – ils reçoivent l'Esprit qui animait le Christ… Ils sont habités par *la gloire sans prix*, par cette présence de Dieu qui demeurait en Jésus. Ailleurs, dans le Nouveau Testament, il sera dit qu'ils sont fils de Dieu dans le Fils. Nous pourrions dire fils par adoption. Il nous faudra revenir sur cette filiation.

Pour le moment, Paul se montre lui-même très paternel dans sa prière. Les mots sont moins explicites que ceux de la première épître aux Corinthiens :

> *Car vous auriez beau avoir dix mille surveillants pour vous mener dans le Christ, vous n'avez pas plusieurs pères : c'est moi qui, par l'annonce de l'Évangile, vous ai fait naître à la vie du Christ Jésus. Je vous le demande donc : prenez-moi pour modèle.*
>
> *1 Co 4,15-16*

Mais, là encore, il se veut père et cherche par tous les moyens à faire grandir ceux auxquels il adresse sa lettre. En ce sens-là, il est une image de Dieu le Père. Mais, comme une image humaine fidèle au Père, il sait que sa paternité est en fait un don reçu de Dieu *de qui toute paternité tient son nom*. Alors qu'Adam veut s'emparer de la place de Dieu, Paul commence par se mettre à genoux, par reconnaître qu'il est proche de la terre, et que sa capacité à être père est d'abord une capacité à se reconnaître fils.

Oser être père, à l'image du Père

Paul n'hésite pas à écrire : *Imitez Dieu, puisque vous êtes des enfants qu'il aime* (Ep 5,1) et parce que lui veut assumer, dans cette imitation, la paternité de Dieu, il ose dire, après avoir revendiqué d'être le père des Corinthiens dans la foi : *Soyez mes imitateurs* (1 Co 4,16).

Comment être les imitateurs de la paternité du Père ? Ou comment suivre saint Paul dans son acceptation de cette paternité donnée par Dieu ? Parmi les qualificatifs et les noms donnés à Dieu, le mot « Père » est certainement le plus simple en apparence… Mais, au fond, que disons-nous quand nous affirmons qu'il faut oser être père à l'image du Père ?

Il existe de multiples images de pères humains : du patriarche omnipotent au père absent, du géniteur au fournisseur d'argent, de l'éducateur au mauvais exemple, les figures sont nombreuses et contradictoires. On pourrait penser que le « bon père », le père qui est à la fois présent, aimant, clair dans ses demandes est une image qui permet de comprendre la paternité de Dieu. Et l'on aura en partie raison. C'est une bonne piste. Mais elle pourrait avoir l'inconvénient de masquer une partie de ce qu'est la paternité et il n'est pas impossible que le père qui échappe, que le père absent ou ailleurs ait quelque chose à nous apprendre de Dieu.

Je me suis souvent demandé pourquoi le Christ appelait Dieu son Père. À l'évidence, parce que celui que l'on appelle père est celui de qui l'on reconnaît devoir l'existence… Le mot père, de plus, ne dit rien d'autre qu'une relation à la fois d'égalité (nous sommes de la race de Dieu), de dépendance (nous avons été voulus par Dieu) et un appel à l'affectivité. Mais cela est vrai aussi de la mère ! Le nom de père, pendant des siècles, avant les tests ADN, n'a pu être donné à un homme que sur le témoignage de la mère. Appeler quelqu'un du nom de père implique – même inconsciemment – une confiance dans une parole humaine. Peut-il en être autrement pour parler de la paternité de Dieu ? Toute véritable paternité s'inscrit dans un monde de confiance.

Le rôle du père, dans notre culture, est triple : le petit d'homme ne naît pas tout fait, il faut donc l'accompagner pendant longtemps pour qu'il prenne une réelle autonomie. Dans cette période de maturation, il a besoin de manger et de voir satisfaits un grand nombre de besoins matériels ; il a besoin d'apprendre à faire société et de voir satisfaits ses besoins de vie relationnelle et spirituelle ; enfin, il a besoin d'apprendre le savoir qui lui permettra de travailler et, ainsi, de devenir autonome.

Mais a-t-on tout dit du rôle paternel en faisant du père quelqu'un qui donne de manière désintéressée ? Peut-on être vraiment père sans apprendre à recevoir ? Dieu a besoin des hommes. L'expression n'est pas tout à fait juste. Mais Dieu est disponible et demande aux hommes de l'aimer. Il veut avoir besoin de leur amour. Ce qui est la marque de sa divinité, ce n'est pas le don (même s'il est le Don personnifié), c'est sa volonté d'être totale relation capable de donner gratuitement et capable de recevoir avec reconnaissance. La réciprocité ne tue pas le don. Elle le met en relief quand elle est libre.

Il faudrait ici méditer la parabole dite « du fils prodigue » : le père laisse partir celui qui veut partir, partage avec celui qui reste mais il souhaite se réjouir de la reconnaissance de ses fils sans rien leur imposer.

> *Le père répondit : « Toi, mon enfant, tu es toujours avec moi, et tout ce qui est à moi est à toi. Il fallait bien festoyer et se réjouir ; car ton frère que voilà était mort, et il est revenu à la vie ; il était perdu, et il est retrouvé ! »*
>
> *Lc 15,31-32*

Toute véritable gratuité s'inscrit dans un monde qui a soif de relations gratuites.

Apprendre à être père

Tous et chacun, nous avons à apprendre à être père comme Dieu est Père. Pour certains hommes, qui ont des enfants, cela est évident. Mais c'est évident aussi pour les femmes (la Bible ne manque pas d'images féminines pour parler de Dieu Père). Mais aussi pour des célibataires. Être Père comme Dieu, c'est se mettre au service de la vie, qui n'existe qu'en étant transmise. Certes, il existe différentes manières de transmettre la vie. Le mariage semble la plus obvie, mais le service de l'autre est aussi porteur de vie. Toute transmission suppose que l'on n'ait pas étouffé la vie en soi, comme souvent le Christ a reproché aux pharisiens de le faire. Transmettre suppose de vivre le plus pleinement possible : par rapport aux animaux, l'être humain n'est pas programmé dès sa naissance. S'il l'accepte, il peut naître de Dieu (Jn 1,12-13) et avancer en cherchant à écouter la voix de son Seigneur. Toute réponse à un appel occasionne une itinérance.

Pour moi, apprendre à être père ne se fait que progressivement et par franchissement (jamais complet) de huit étapes principales.

Apprendre à recevoir

Le père humain est d'abord un fils. Il est inscrit dans une lignée, dans une langue, dans une histoire, dans un métier.

Lorsqu'il écrit l'épître aux Éphésiens, saint Paul se situe en père, tout en reconnaissant tout ce qu'il a reçu. Évidemment, lorsque l'on parle de Dieu le Père, on parle de l'origine absolue, mais, pourtant, même le Père reçoit, reçoit du Fils, de l'Esprit Saint, reçoit des hommes. Il ne serait pas relation s'il ne recevait pas.

Cela dit, il reçoit gratuitement. Il le souhaite. Il exprime son souhait, mais laisse libre. Ce qu'il est ne dépend pas de ce qu'il reçoit.

Et ce n'est pas si facile pour nous les hommes : savoir recevoir n'est pas avoir exigé, ni être indifférent, mais c'est assurément savoir reconnaître et savoir rendre grâce.

Apprendre à faire sien

La fidélité au don reçu n'est pas le clonage. Jésus est l'image du Père mais, pour autant, il a une personnalité. Il ne répète pas. Il parle en son nom. Certes, par la prière, il garde sans cesse le lien avec le Père mais, nulle part dans l'Évangile, il ne ressemble à une poupée téléguidée. Il est libre. L'enfant adoptif, lorsqu'il a trouvé de nouveaux parents, a peur d'être abandonné et redouble de tendresse, et chacun se réjouit de ce qui, pourtant, est dangereux. Cet état fusionnel peut préparer des crises difficiles, car il lui faudra bien vivre son autonomie. Il lui faudra bien accepter son histoire, son premier abandon, il lui faudra bien faire ses deuils. Et il n'y a pas que chez les enfants adoptifs que les crises sont possibles : nous aimons bien le fils prodigue de la parabole de Luc parce qu'il prend sa liberté, il s'assume. D'une manière certaine, son péché, sa rupture, sont garants de sa véritable humanité. Évidemment, Luc n'a pas écrit la suite de la parabole, mais, confusément, nous pensons qu'il sera un meilleur père que son frère aîné... Il est prêt à faire sien l'héritage de son père. Non pas celui des finances, ni celui des apparences extérieures, mais celui du cœur.

Dès la Genèse, le commandement est clair : *L'homme quittera son père et sa mère.* Malgré les apparences, ce commandement est difficile encore aujourd'hui : il semble pourtant essentiel pour devenir soi-même vraiment père.

Toujours grandir

Il faut ici relire la parabole des talents. Jésus sait qu'il va mourir lorsqu'il prononce cette parabole. Il va être un maître absent. Il souligne, à ce moment suprême, que le salut de l'homme ne réside pas dans les capacités intellectuelles ni dans l'habileté, mais dans la manière dont il use de sa liberté pour grandir. Quels que soient les dons reçus, la responsabilité de l'homme est de les faire grandir, de ne pas avoir peur, de ne pas gâcher ce qu'il a entre les mains.

Il m'arrive souvent d'appeler des jeunes (et des moins jeunes) à la sainteté. Cela fait rire. Ils peuvent être ambitieux, avides de grandir, mais ils n'envisagent pas d'être saints. D'une certaine manière, leur avis est sympathique.

D'une autre, il est tragique. Nous sommes tous destinés à l'intimité avec Dieu, c'est-à-dire à la sainteté. Il faut vouloir grandir jusqu'à l'amour.

Voici : le Seigneur est notre miroir
Ouvrez les yeux
Regardez en lui
Apprenez comment sont vos visages.

Ode de Salomon, 13

Faire alliance

On ne devient pas père seul. Évidemment, la paternité suppose le couple. Comment ne pas s'émerveiller devant le chemin nécessaire pour construire un couple ? Je sais bien qu'il est de bon ton de dénigrer les pratiques actuelles (de fait, certaines n'ont rien de ce qui fait l'humanité) ; sortir de chez soi, se forger une affectivité, une sensibilité avec des amis, rencontrer une personne, engager une relation, se dire des paroles d'amour, les exprimer, prendre la responsabilité d'un enfant… Mais si certains méprisent cet enchaînement, beaucoup l'honorent et, pour un observateur, il est toujours étonnant de voir se construire des amours.

Nous ne saurions pas que Dieu est Père si entre Lui et Israël ne s'était pas construite une Alliance, une histoire d'amour empreinte, plus que d'autres même, de trahison, de violence, d'oubli, mais aussi de tendresse et de fidélité.

C'est sans doute un mystère extraordinaire que de constater que Dieu n'a pas voulu avoir de fécondité en dehors d'une Alliance. Le Christ est le fruit de cette Alliance avec Israël, et c'est dans cette Alliance qu'est enfanté le peuple nouveau destiné à sauver le monde!

Donner du fruit

La fécondité ne va pas de soi. Je ne parle pas ici des couples qui n'ont pas d'enfant. C'est un drame: il ouvre quelquefois sur des fécondités d'un autre ordre, mais cela demeure inexplicable. La fécondité ne va pas de soi. Certes, les couples peuvent avoir des enfants sans être, pour autant, spirituellement féconds. Certes, des célibataires peuvent sembler créer beaucoup d'œuvres de toute sorte sans être véritablement féconds.

Il n'y a pas de prédisposition absolue à la fécondité, et beaucoup d'entre nous attendent secrètement d'un enfant, d'une création, la guérison d'une blessure, l'assouvissement d'un besoin d'être utile, l'expression d'un désir de vaincre la mort et je sais quoi encore! Mais la véritable fécondité s'exprime dans la gratuité. Vouloir l'enfant pour l'enfant, pas pour soi. Vouloir la création comme Dieu, pour le bonheur de la création, pas pour lui. À vrai dire, quand je regarde beaucoup de photos de famille, j'y découvre, au moins pour quelques instants saisis sur la photo, un reflet de cette gratuité.

Faire grandir

J'aime beaucoup la fin du récit de la résurrection de la fille de Jaïre, un responsable de la synagogue. C'est un intellectuel, un orateur, quelqu'un qui, sans doute, aimait sa fille et voulait qu'elle grandisse. Elle meurt. Jésus la ressuscite.

> *Aussitôt la jeune fille se leva et se mit à marcher – elle avait douze ans. Ils en furent complètement bouleversés. Mais Jésus leur recommanda avec insistance que personne ne le sache ; puis il leur dit de la faire manger.*
>
> *Mc 5,42-43*

À douze ans, la laisser grandir consiste à lui laisser la parole mais, par contre, à continuer à la nourrir ! Faire grandir ne consiste pas simplement à nourrir, cela consiste aussi à inscrire dans une histoire, celle de la famille, celle d'un pays : on ne peut pas grandir sans avoir des raisons d'être fier de son origine et sans avoir, grâce à son histoire, des raisons de se dépasser pour faire mieux ou, en tout cas, aussi bien que le meilleur de ses ancêtres.

Il faut ici signaler la place de la culture. Laisser grandir, c'est faire entrer dans un ensemble composé de paroles, d'œuvres, de réponses à ce qui fait peur ou qui blesse, de vision du monde. Je ne peux pas ici donner une définition de la culture, mais simplement faire remarquer que pour être soi-même, il est important de pouvoir exprimer ce que l'on est et entrer ainsi en dialogue avec ceux qui nous entourent.

> *La culture est ce par quoi l'homme en tant qu'homme devient davantage homme, « est » davantage, accède davantage à l'« être ».*
>
> Jean-Paul II, *Discours à l'Unesco*,
> 2 juin 1990

Laisser grandir est un art difficile : il faut, pour chaque personne, inventer le délicat équilibre entre protection et apprentissage de la liberté. À vrai dire, très souvent, le protecteur trouve des motifs pour se prolonger dans ses « enfants ». Ce n'est pas ainsi que Dieu opère : il aime la liberté, il laisse partir quitte à envoyer des prophètes, à manifester son amour ou, comme le père de l'enfant prodigue, à attendre.

Se désapproprier

Et il y a un jour où il faut faire le deuil de sa propre fécondité… Abraham est le père de tous les croyants. Il est, pour nous, comme un reflet de la paternité de Dieu, de ce Dieu qui, pour exprimer ce qu'est l'amour du Père, nous ouvrir à nos libertés a voulu, dans le Fils, mourir sur une Croix.

Et il assume sa paternité en acceptant de ne plus être père et de sacrifier Isaac. Il ne comprend pas la demande de Dieu. Mais il a confiance (*Dieu y pourvoira*). Et la suite montre qu'il a raison. Certes, il aime Dieu de tout son cœur. Mais il doit admettre, après l'épisode du sacrifice, qu'Isaac est fils de Dieu davantage que fils d'Abraham. Il assure sa paternité en acceptant d'y renoncer.

> *Vos enfants ne sont pas vos enfants, mais les fils et les filles de l'appel de la vie à elle-même. Ils viennent à travers vous, mais non de vous et, bien qu'ils soient avec vous, ils ne vous appartiennent pas. Vous pouvez leur donner votre amour, mais non point vos pensées. Vous pouvez accueillir leurs*

corps mais pas leurs âmes, car leurs âmes habitent la maison de demain que vous ne pouvez visiter pas même dans vos rêves.

Khalil Gibran

Donner

L'épître aux Éphésiens, comme bien des textes de la Bible, parle d'héritage. Or, l'héritage suppose la mort ; nous appelons l'Écriture l'Ancien et le Nouveau « Testaments ». Qui dit testament évoque la mort. L'attention aux mots laisse penser qu'être père, c'est donner sans retour possible. Il n'y a pas de paternité sans acceptation de la mort. Je ne connais rien d'aussi dramatique qu'une mère qui perd son enfant : cela est dur, parce que la maternité et la paternité impliquent la capacité de mourir pour son enfant. Le voir mourir, sans qu'on n'y puisse rien, est comme une négation de son être profond.

En conclusion, il faudrait revenir au texte de saint Paul. Dans toutes les religions qui ont précédé le judéo-christianisme, Dieu est un être puissant mais, surtout, différent. Nous pensons aussi qu'il est tout Autre. Mais, pour autant, nous sommes de sa race, de sa maison.

Nous n'avons pas à essayer de respecter les traces du sacré ni à essayer de lui plaire par des gestes ou des rites incompréhensibles. Notre premier devoir est de lui ressembler, d'être dignes de sa maison. D'apprendre à être responsables, à être père.

Physiquement, il n'est pas difficile d'être père. Mais la paternité physique est une image. Mais devenir père comme

Dieu, devenir père à sa ressemblance, est une vocation. C'est possible, puisque le Christ nous en montre le chemin et nous donne son Esprit.

Questions

- Quelles sont les qualités que vous attendez d'un père ? Est-il possible, souhaitable, d'avoir toutes ces qualités ?

- Pensez-vous avoir été voulu par Dieu ? Être soutenu par lui ? Pensez-vous que la finalité de votre existence soit d'entrer dans la plénitude de son amour ?

- Quelles difficultés éprouvez-vous à être père, mère, à vous mettre au service du développement de ceux qui vous entourent ?

- Quelles devraient être les caractéristiques d'une relation père-fils ou fille ? mère-fils ou fille ?

- Quelle est l'importance de la gratuité dans votre vie ? Pourquoi ?

Oser parler

Seigneur, tu nous as appelés à devenir des serviteurs de la Parole (Lc 1,2)
Serviteurs, comme toi.
Librement.
Donne-nous de savoir écouter ta voix.
Tu nous as parlé pour que nous parlions, avec toi, à ton Père.
Tu nous as parlé pour que nous apprenions le langage de nos frères ;
Tu nous as crus suffisamment dignes pour échanger avec toi jusque dans l'éternité.
Donne-nous ton Esprit pour que nous entrions dans ta lumière et que nous soyons témoins de ta vie.

J'ai cru et c'est pourquoi j'ai parlé (Ps 116,10 ; cf. 2 Co 4-13). En ce siècle où le monde est comme entouré d'une croûte de paroles de toutes sortes, une logosphère qui nous englobe, il est difficile de parler de vérité. Certains diront impossible. Impossible de dire le fond de sa pensée. Impossible d'être écouté. Impossible de communiquer et, pourtant, notre être profond est parole.

Au début est l'action, écrit Goethe dans *Faust*. Il est vrai que l'action est au cœur de notre culture : il nous faut faire, domestiquer, entreprendre, projeter… Et j'ai, moi-même, souvent, affirmé que l'on ne se connaît soi-même que dans l'action ; et j'ai prôné de donner des responsabilités aux jeunes pour qu'ils apprennent à se découvrir. Je ne renie pas cet appel à l'action. Mais il me faut reconnaître qu'il doit être second. Toute l'Écriture nous appelle d'abord à parler. À oser parler.

Nourrisson, notre entourage a guetté nos premiers mots : ils étaient signe de notre humanité. À vrai dire, nous avions commencé à échanger par des pleurs, des sourires, par des mimiques ; puis la parole est venue, l'action bien plus tard.

Dès l'aube du monde, Dieu a parlé à nos ancêtres comme on parle à un bébé. Et, petit à petit, l'homme s'est levé, a répondu. *Les dieux des nations ont une bouche et ne parlent pas* (Ps 115,5). Le nôtre n'a pas de bouche, mais il parle.

Et la Bible est dialogue entre Dieu et l'homme. Il serait intéressant de compter le nombre de questions posées par Dieu à l'homme dans l'ensemble de l'Écriture. *Où es-tu ?* (Gn 3,9) est la première, et continue à s'adresser à chacun d'entre nous pour venir discuter avec lui. Notre Dieu est un Dieu de relation.

> *Par cette révélation, Dieu invisible, à cause de son immense amour, s'adresse aux humains comme à des amis et converse avec eux pour les inviter à la communion avec lui et les recevoir.*
>
> Vatican II, *Dei Verbum*, 2

> *Souvent, dans le passé, Dieu a parlé à nos pères par les prophètes sous des formes fragmentaires et variées ; mais, dans les derniers temps, dans ces jours où nous sommes, il nous a parlé par ce Fils qu'il a établi héritier de toutes choses et par qui il a créé les mondes.*
>
> *He 1,1-2*

Oser penser que Dieu nous parle ! Oser parler à Dieu ! Oser parler de Dieu ! Oser parler en Dieu ! Voilà ce qu'apprend Jésus.

Le prologue de Jean

Prenons le prologue de l'Évangile de Jean :

> *Au commencement était le Verbe, la Parole de Dieu, et le Verbe était auprès de Dieu, et le Verbe était Dieu. Il était au commencement auprès de Dieu.*
>
> *Jn 1,1-2*

Comme dans le Livre de la Genèse, la traduction « au commencement » est sans doute la moins mauvaise, mais, en soi, Dieu ne commence pas, Il est ; nous, pour penser, nous avons besoin de parler de commencement ; d'ailleurs, personne d'entre nous ne sait son propre commencement (comme il ignore aussi sa fin). Certains traduisent *In principio* en latin par « dans le principe ». J'aimerais mieux « au départ ».

Ce qui est certain, c'est que le Verbe, la Parole, le parler, le logos est antérieur à toute création, présent en Dieu distinct du Père et cependant Dieu... Ce « parler » est Dieu qui se comprend lui-même et par qui ce Père va faire un monde selon ce que Lui, Dieu, est.

Ce qui est certain aussi c'est que l'être avait un sens, une expression, avant que le monde n'existe.

> *Quand, dans l'émerveillement de la musique, de l'architecture, de la peinture, de la nature ou de l'amour, vous vous sentez délivré de vous-même, votre regard se porte sur la beauté et, tandis que vous vous perdez de vue, vous vous sentez exister avec une plénitude incomparable. C'est à ce moment-là, justement, que la vie atteint son sommet, quand, cessant de vous regarder, vous n'êtes plus qu'un regard vers l'autre... En Dieu, il y a quelque chose d'analogue. En Dieu, la connaissance n'est pas un regard sur soi, la connaissance est un regard vers un autre. Toute la lumière divine, toute la*

joie divine sont reconnues dans la communication que le Père en fait au Fils et que le Fils restitue au Père.

Maurice Zundel, *À l'écoute du silence*,
Paris, Téqui, 1979, p. 64-67

Et c'est de cette communication qu'est née la Création. De ce dialogue amoureux ! *Par lui, tout s'est fait, et rien de ce qui s'est fait ne s'est fait sans lui. En lui était la vie, et la vie était la lumière des hommes* (Jn 1,3-4). Toute la Création a pour origine le face-à-face, le cœur à cœur, du Fils et du Père : on n'en finirait pas de méditer cette merveille : avant que nous puissions entendre et comprendre la Parole, tout a été créé par cette Parole, cet échange en Dieu, et comprendre ce qu'elle va dire, c'est être informés sur ce que nous sommes en réalité. Le redécouvrir, c'est se re-former en ce que nous n'aurions jamais dû cesser d'être et que nous sommes restés en partie. Il y a une écoute de la vie en nous qui est lumière parce qu'elle vient de Dieu.

La lumière brille dans les ténèbres, et les ténèbres ne l'ont pas arrêtée (Jn 1,5). Dans la Genèse, la lumière apparaît avant la vie. Ici, c'est la vie qui est citée en premier mais elle ne se voit pas sans la lumière. Le dynamisme de la lumière est tel qu'il finit toujours par apparaître et que les ténèbres ne peuvent pas la vaincre, même en nous !

D'une certaine manière, la prédication de Jésus illustre ce que dit Jean. Ses paraboles partent toujours du dynamisme de la vie : celle des plantes, celle des hommes d'affaire, celle des plaideurs, celle des voleurs. Jésus fait jaillir de ces éléments une lumière qui, reflétant celle de Dieu, éclaire le chemin des hommes. Toute personne qui veut témoigner de Dieu devrait chercher à comprendre et à vivre cela !

> *Il y eut un homme envoyé par Dieu. Son nom était Jean. Il était venu comme témoin, pour rendre témoignage à la Lumière, afin que tous croient par lui. Cet homme n'était pas la Lumière, mais il était là pour lui rendre témoignage.*
> *Jean Baptiste lui rend témoignage en proclamant : « Voici celui dont j'ai dit : Lui qui vient derrière moi, il a pris place devant moi, car avant moi il était. »*
>
> *Jn 1,6-8 ; 1,15*

Le témoignage de Jean est placé ici pour inscrire la découverte de cette lumière dans l'histoire des hommes. Dans leur vie de foi, les chrétiens ne croient pas d'abord à la vie, ni à son dynamisme, ni à la lumière, mais d'abord au Christ qui leur dévoile comment croire à ce dynamisme de vie. De fait, l'existence de cette lumière, que les hommes auraient pu découvrir par eux-mêmes, ne s'est révélée que progressivement : elle est entrée dans l'histoire des hommes par le peuple juif : la Parole – le projet structurant la Création – aurait dû être comprise par le Peuple de Dieu – et elle ne l'a pas été. Jean dira ailleurs : *La lumière est venue dans le monde, et les hommes ont préféré les ténèbres à la lumière… parce que leurs œuvres étaient mauvaises* (Jn 3,19). À vrai dire, ce sont souvent les événements extérieurs qui permettent de prendre conscience de cette lumière. Les rencontres avec les catéchumènes sont toujours frappantes à cet égard. L'envie d'entrer dans une église, une émission, un deuil, un amour, un souvenir sont à l'origine d'une illumination. Il est clair que toute éducation de soi-même ou d'un autre devrait conduire à l'attente de cette illumination : *Parle, Seigneur, ton serviteur écoute* (1 S 3,8-10).

La Parole est venue dans le monde par la Création, mais les hommes n'ont pas su la reconnaître, elle est venue par la Révélation au Peuple, mais le Peuple n'a pas su la reconnaître, au moins dans sa majorité, puis la Parole s'est incarnée et le Christ n'a pas été reconnu. Mais, parmi les juifs, parmi les hommes, certains ont reçu la lumière.

> *Après la Loi communiquée par Moïse, la grâce et la vérité sont venues par Jésus Christ. Dieu, personne ne l'a jamais vu ; le Fils unique, qui est dans le sein du Père, c'est lui qui a conduit à le connaître.*
>
> *Jn 1,17-18*

Ces versets n'existent pas dans tous les manuscrits. Cela dit, ils expriment une pensée profonde de Jean : le Fils est « engendré » par le Père… et le croyant est à l'image du Fils : sa naissance, sa foi, ne doit rien à la génération humaine (on ne naît pas chrétien) mais elle doit tout à Dieu.

> *À tous ceux qui l'ont reçu, il donne pouvoir de devenir enfant de Dieu…*
> *Et le Verbe s'est fait chair, il a habité parmi nous, et nous avons vu sa gloire, la gloire qu'il tient de son Père comme Fils unique, plein de grâce et de vérité.*
>
> *Jn 1,12 ; 1,14*

Nous voici à l'Incarnation. Le Verbe, Dieu, se fait faiblesse humaine. Il dresse sa tente (*Il a habité*) – qui est la véritable tente de la présence de Dieu sur terre (dont la tente de l'Arche était une figure) –, et l'apôtre de rappeler qu'il a vu au Thabor la gloire, la manifestation de la présence de Dieu dans l'humanité, de Jésus : en Jésus le créé, l'humanité sert à manifester le divin invisible. Vivre, ce n'est pas d'abord une connaissance, ni un consentement, c'est une participation.

> *Jésus lui répondit : « Si quelqu'un m'aime, il restera fidèle à ma parole ; mon Père l'aimera, nous viendrons chez lui, nous irons demeurer auprès de lui. »*
>
> *Jn 14,23*

Le Prologue se termine en constatant que la Révélation de la lumière s'est faite progressivement, et que c'est Jésus qui, seul, permet de parler de Celui qui est la source de la lumière. *Tous nous avons eu part à sa plénitude, nous avons reçu grâce après grâce* (Jn 1,16).

Ceux qui reçoivent le Verbe

Le Prologue de saint Jean est une méditation sur l'origine de Jésus. Jésus est présenté comme l'envoyé de Dieu, comme Dieu et, comme tel, il est présenté comme celui qui donne sens à la Création en révélant ce qu'elle est à l'origine et en faisant comprendre pourquoi la vie est si parlante : elle est Parole de Celui qui est lumière.

Mais, en passant, nous avons entendu Jésus expliquer que le croyant est « à l'image » du Fils, de ce Dieu Parole, et que, comme lui, il est « engendré » par Dieu. Mystère du croyant ! Il est l'image de Celui qui informe et forme par la Parole ! Il est présence de Dieu ! *Celui qui vous écoute m'écoute ; celui qui vous rejette me rejette ; et celui qui me rejette rejette celui qui m'a envoyé* (Lc 10,16). Mystère de l'identité du croyant qui est « identifié » à Dieu (je sais que les Soixante-douze ne représentent pas tous les croyants, mais une catégorie d'entre eux ; mais le mystère est aussi vertigineux). Mystère d'un Dieu qui se présente – se fait représenter – par des hommes qui risquent de le ridiculiser par leur « incompétence », ou qui risquent, comme Jésus, de permettre aux autres d'exprimer « facilement » un rejet de Dieu. Il est plus facile de tuer un homme que de supprimer Dieu.

Parler au nom de Dieu est déjà inimaginable ; il y a plus : la Parole de Dieu fait ce qu'elle dit et dit ce qu'elle fait ; aussi est-elle, en l'homme, capable de pardonner.

> *Si ton frère a commis un péché, va lui parler seul à seul et montre-lui sa faute. S'il t'écoute, tu auras gagné ton frère. S'il ne t'écoute pas, prends encore avec toi une ou deux personnes afin que toute l'affaire soit réglée sur la parole de deux ou trois témoins. S'il refuse de les écouter, dis-le à la communauté de l'Église ; s'il refuse encore d'écouter l'Église, considère-le comme un païen et un publicain. Amen, je vous le dis : tout ce que vous aurez lié sur la terre sera lié dans le ciel, et tout ce que vous aurez délié sur la terre sera délié dans le ciel.*
>
> *Mt 18,15-18*

À qui Jésus parle-t-il dans ce passage ? En Matthieu 16,18, Jésus dit l'équivalent à Pierre, mais, ici, il parle aux disciples, j'allais dire à la communauté. En hébreu, l'expression lier et délier signifie non seulement lier et délier, mais toutes les actions intermédiaires entre ce qu'évoquent ces deux mots, nous dirions « décider ». Dans le Notre-Père, nous demandons que *la volonté de Dieu soit faite sur la terre comme au ciel*, il nous est dit que tout ce que nous décidons, comme communauté – et peut-être chacun d'entre nous comme disciple – a une importance au ciel.

Si le chrétien est signe de Dieu, il peut être reçu comme tel dans la moindre de ses décisions. Si ce sont non seulement nos paroles qui parlent, mais aussi notre être : toutes nos décisions, toutes nos actions ont vocation à être des signes de Dieu. Je n'ose pas imaginer cette responsabilité. À vrai dire, j'imagine encore moins comment Dieu a pu donner cette responsabilité !

L'envoyé

Il est appelé. Et répond librement. Il est averti de la difficulté (Mt 10,16). Mais, pour autant, il n'a pas à se soucier (Mt 10,19-20). Ne vous souciez pas, ne vous tracassez pas… Il ne s'agit pas ici de ce qu'il y a de plus facile dans la mission : tout au long de l'Évangile, le souci est combattu et presque soumis au même ban que le péché (Mt 8,19). Entre elles, les personnes divines sont totalement données, abandonnées. Ressembler à Dieu, c'est se livrer, se donner à son tour.

Confiance. Ce mot est forgé sur le mot foi. Et c'est l'Esprit qui permet la foi. Cette foi, pour autant, si elle s'exprime dans un élan et un abandon, une confiance, a aussi un contenu, celui que nous exprimons à la messe :

– Il est grand le mystère de la foi
– Nous proclamons ta mort, Seigneur Jésus
Nous célébrons ta Résurrection
Nous attendons ta venue dans la gloire.

En faisant percevoir que Jésus est le Dieu de la vie, nous n'avons rien d'autre à vivre et à dire que l'amour de Dieu manifesté par la Croix de Jésus venu partager la vie et la mort des hommes ; cet amour de Dieu plus fort que tous les échecs et toutes les morts ; Dieu veut que toute la création, par l'humanité de Jésus, demeure dans l'intimité de Dieu et manifeste sa présence ; Il ne permettra pas que l'aventure humaine se termine mal. Ce que l'Esprit inspire est ce qui permet de comprendre la signification de ces mots. Et ces mots sont des mots de feu !

> *Je suis venu apporter un feu sur la terre, et comme je voudrais qu'il soit déjà allumé ! Je dois recevoir un baptême, et comme il m'en coûte d'attendre qu'il soit accompli !*
>
> *Lc 12,49-50*

L'image est difficile à saisir : le feu et le baptême – qui évoque l'eau – semblent difficilement compatibles. Le feu semble difficilement désirable ! Le Christ désire que le feu de l'Esprit Saint, l'amour, se répande sur la terre, et, pour qu'il se répande, il faut être totalement livré à l'amour : son désir n'empêche pas l'angoisse de la mort qu'il perçoit. Le disciple peut-il être au-dessus de cette angoisse ? Il se doit de l'accepter.

Ce qui frappe d'abord dans Matthieu 5,13 ; 14,16, c'est l'affirmation du Christ : *Vous êtes.* Celui qui dit : *Je suis*, nous dit : *Vous êtes*. Il ne dit pas : « Si vous faites ceci ou cela, vous serez… », il ne met pas de condition, il dit : *Vous êtes*.

Il ne dit pas cela à mère Teresa ou à sœur Emmanuelle, il dit : « Vous êtes le sel de la terre, vous êtes la lumière… vous êtes ceux qui donnent goût à leur entourage (la terre ici est plutôt le pays où l'on est). Vous êtes une lumière qui doit révéler, rendre présente, la lumière… Non pas ce que vous croyez être et qui n'est que fumée, mais ce que vous êtes au profond de vous-mêmes : une présence de la lumière de Dieu, et c'est Lui qu'il s'agit de reconnaître en vous ! Toute la gloire, la présence de Dieu que l'on voit en vous doit permettre de louer le Père. »

Comment devenir ce que nous sommes ?

Le point de départ est Dieu

Pour devenir ce pour quoi nous avons été faits, il nous faut sans cesse revenir à la source. La source se trouve dans notre conversation avec Dieu. Je sais qu'aujourd'hui on donne beaucoup d'importance à l'Écriture pour trouver la Parole de Dieu. C'est bien, à condition de ne pas faire de cette Parole un objet que l'on maîtrise. L'important est d'écouter la voix du Seigneur.

> *Car il est notre Dieu ;*
> *nous sommes le peuple qu'il fait paître,*
> *le troupeau qu'il garde.*
> *Aujourd'hui, pourvu que vous obéissiez à sa voix !*
>
> *Ps* 95,7

J'aime ce texte du curé d'Ars, que l'on peut prolonger par la lecture de Matthieu 23,2-4 ; 23,6-10 ; 23,7-10 :

> *L'homme a une belle fonction, celle de prier et d'aimer… Vous priez, vous aimez : voilà le bonheur de l'homme sur la terre ! La prière n'est pas autre chose qu'une union avec Dieu. Quand on a le cœur pur et uni à Dieu, on sent en soi un baume, une douceur qui enivre, une lumière qui éblouit. Dans cette union intime, Dieu et l'âme sont comme deux morceaux de cire fondus ensemble ; on ne peut plus les séparer. C'est une chose bien belle que cette union de Dieu avec sa petite créature. C'est un bonheur qu'on ne peut comprendre.*
>
> Catéchisme de saint Jean-Marie Vianney sur la prière

Deux enseignements sont ici entremêlés. Il en existe un pour tous ceux qui ont à enseigner. Bien sûr, nous pensons aux autres, aux professeurs, aux diacres et aux prêtres, à ceux qui ont des responsabilités. Mais après tout, tous, à un moment ou à un autre, nous avons enseigné, comme parents, comme aînés, comme compétents et tous, nous devons nous référer à la seule véritable autorité, celle de Dieu.

Il est l'unique source. Et le Christ, le Messie, est l'image qui peut conduire à Lui. Ce n'est donc qu'en pensant à l'unique source, sous l'unique guide, que nous pouvons conduire les autres. C'est en participant à leur mystère que nous pouvons avoir un véritable rôle. L'Évangile nous invite à en être conscients.

Mais il y a là un deuxième enseignement. Nous sommes tous frères, car unique est le Père. Le point de départ est essentiel : il n'y a qu'une source, nous avons tous la même provenance et la fraternité universelle s'impose !

Se tourner vers cette source n'est jamais évident. Cela s'appelle la conversion. Le cardinal Ratzinger affirmait en 2000 : *Se convertir signifie [...] chercher le bien, même s'il est dérangeant, ne pas s'en remettre au jugement des foules, mais au jugement de Dieu. Autrement dit : chercher un nouveau style de vie, une vie nouvelle. Tout cela n'implique pas le moralisme* (*Jubilé des catéchistes*).

Le cœur de la démarche est Dieu

Pour devenir ce pour quoi nous avons été faits, il nous faut sans cesse revenir à Dieu. Sans vouloir autre chose. L'interprétation de la parabole du semeur (Mt 13,18-23) est éclairante à ce sujet. Pour s'approcher du Royaume, il faut accomplir la Parole, ne pas avoir peur de la détresse, ne pas être accaparé par les soucis du monde et par l'argent. Lorsque la Parole est vraiment entendue, elle donne trente, soixante, cent pour un. Mais, pour entendre, il faut être disponible !

Beaucoup disent que Jésus n'a pas une pierre où poser sa tête (Mt 8,20). Cela n'est pas dans le texte. Et la pauvreté de Jésus n'est pas ici en cause : ce qui est en cause, c'est le total abandon de tout souci, même élémentaire, afin d'être disponible pour le Royaume.

Le cardinal Ratzinger commentait, dans le discours cité tout à l'heure : *Le Royaume de Dieu n'est pas une chose, une structure sociale ou politique, le Royaume de Dieu est Dieu. Le Royaume de Dieu signifie : Dieu existe. Dieu vit. Dieu est présent et agit dans le monde, dans notre vie, dans ma vie.*

Désirer le Royaume, c'est s'abandonner à chaque instant à la volonté de Dieu. C'est désirer le rencontrer dans les sacrements et chez les autres.

Communier avec le Christ pour aller vers le Père

Toujours dans le même discours, le cardinal Ratzinger ajoutait : *C'est seulement dans le Christ et par le Christ que le thème de Dieu devient absolument concret : le Christ est l'Emmanuel, le Dieu avec nous.*

> *Mais avant tout cela, on portera la main sur vous et l'on vous persécutera ; on vous livrera aux synagogues, on vous jettera en prison, on vous fera comparaître devant des rois et des gouverneurs, à cause de mon Nom. Ce sera pour vous l'occasion de rendre témoignage.*
>
> *Lc 21,12-13*

Communier avec le Christ, c'est non seulement être lié à lui, mais accepter de souffrir pour lui et avec lui si cela est nécessaire. En bien des endroits, le mot « témoin » a le sens direct de quelqu'un qui donne sa vision de faits auxquels il a participé. Il ne s'agit pas de cela ici. Il s'agit d'accepter d'être accusé comme Jésus, éventuellement persécuté et mis à mort, et de rendre les accusateurs ou les spectateurs témoins de cet abandon.

Luc conclut le paragraphe consacré à cette suite du Christ par : *C'est par votre endurance que vous prendrez possession de votre être.* Comme Jésus manifeste sa divinité en acceptant de se donner totalement, l'homme lié au Christ manifeste sa ressemblance avec Dieu, son être profond dans le don total de soi. Oser parler est à ce prix !

Attendre la rencontre avec le Christ

Il ne s'agit pas d'attendre béatement la rencontre avec le Père. Il s'agit, comme Jésus, d'entrer dans l'histoire, la vie des hommes de notre temps, pour témoigner par notre action de la justice de Dieu qui rend juste, qui donne leur place aux pauvres, met les puissants à leur place.

Le cardinal Ratzinger continuait son intervention en affirmant :

> *Ce n'est que si la mesure de notre vie est l'éternité, que notre vie sur terre est grande elle aussi, et qu'elle possède une valeur immense. Dieu n'est pas le concurrent de notre vie, mais le garant de notre grandeur. Ainsi, nous revenons à notre point de départ : Dieu. Lorsque nous considérons avec attention le message chrétien, nous constatons que nous ne parlons pas de beaucoup de choses. Le message chrétien est en réalité très simple : nous parlons de Dieu et de l'homme, et, ce faisant, nous disons tout.*

L'Évangile invite souvent (Mt 6,14-15) à ce que le cardinal Ratzinger résumait. J'ai choisi celui-ci pour souligner un point essentiel : l'amour de Dieu est totalement gratuit. Nous ne pouvons pas mériter de lui ressembler. C'est hors de notre portée. Il donne, et il donne gratuitement, pour nous apprendre à donner à notre tour et à donner gratuitement. La manière humaine d'aller à Dieu, c'est d'accepter le don qu'il nous fait d'être généreux comme il l'est. Être fils du Très-Haut consiste à aimer même notre ennemi, à prier pour ceux qui nous persécutent (Mt 5,45).

Devenir davantage fils… Là encore, la perspective est extraordinaire, inimaginable. Mais devenir fils, c'est vivre davantage comme le Père et permettre au Père d'être davantage lui-même ! Au sens strict, le Père, en effet, n'a pas besoin de nous. Mais, de toute éternité, le Fils est sa connaissance de lui-même, et, de toute éternité, Il a voulu que ce Fils s'incarne dans notre humanité, afin d'exprimer son amour et nous permettre d'y faire « entrer » tous nos frères. *Dieu, personne ne l'a jamais vu ; le Fils unique, qui est dans le sein du Père, c'est lui qui a conduit à le connaître* (Jn 1,18).

Questions

- Quel type de parole aimez-vous entendre : parole de foi, d'admiration, d'admonestation, d'amour, d'information, d'enthousiasme ?
- Parler est-il facile pour vous ? Et communiquer ?
- Avez-vous l'habitude du dialogue avec Dieu ? Et avec votre entourage ? Quelles sont vos difficultés ?
- Que veut dire aujourd'hui témoigner de sa foi ?
- Quelle importance attachez-vous à la Parole dans l'éducation ?
- Avez-vous des problèmes pour faire se rejoindre parole, vérité, tolérance, respect des absents ? Pourquoi ?

Oser obéir

Adorons Dieu dans sa volonté d'avoir voulu nous faire comprendre ce qu'il est par l'obéissance de Jésus jusqu'à la mort.

Remercions-le de nous avoir donné un signe aussi extraordinaire de sa totale disponibilité et de son amour.

Demandons-lui pardon de ne pas oser le suivre dans son obéissance et de trouver beaucoup de raisons pour dormir ou ne rien faire.

Donnons-nous à son Esprit pour qu'il nous rende capables de recevoir et offrir ce qui fait partie de notre condition humaine et, en particulier, notre mort.

Il est relativement facile de dire que l'homme est à l'image de Dieu pour affirmer qu'il est fait pour être responsable, créateur et libre. Cela est vrai : l'homme n'est véritablement homme que lorsqu'il est responsable, créateur et libre. Mais il doit être en même temps à l'image de Dieu dans la souffrance, l'obéissance et la mort. C'est le Christ qui nous l'apprend. Cela peut être paradoxal. Cela l'est, sans doute. Mais c'est ainsi que nous sommes. Peut-être faut-il faire un détour pour le comprendre. On a beaucoup accusé les chrétiens d'aimer la souffrance, d'être doloristes, d'être capables d'endurer et de laisser le monde endurer n'importe quoi. Il faut accepter en partie cette critique. Mais en partie seulement. Nous ne pouvons être homme qu'en participant à la création de Dieu, en grandissant et en suscitant des créateurs. C'est vrai. Mais notre vie n'est pas faite que d'activité. Elle est aussi faite de passivité… À côté de l'action, il y a la passion. Nous recevons ce que nous sommes. Passivement ! Le meilleur : l'existence, l'identité (notre nom). Nous recevons la capacité de créer : *Qu'as-tu que tu n'aies reçu ?*, demande saint Paul (1 Co 4,7). Nous recevons l'épreuve et la mort.

La mort s'impose à nous. Nous pouvons ne pas y penser. Nous pouvons la refuser. Nous pouvons souhaiter en accélérer le processus... Nous pouvons chercher à la retarder : elle surviendra de toute façon. Jésus a signifié qu'il était Dieu en recevant sa mort librement. Libre, il est actif, créateur. Mais, en même temps, il est totalement « passif ». Il subit sa Passion. Saint Paul dira : *Il s'est fait obéissant jusqu'à la mort... et la mort de la Croix* (Ph 1,2-3). Il est Fils parce qu'au cœur de cette Passion il reconnaît que tout lui a été donné, que rien ne lui appartient et qu'il veut à son tour tout donner. *Père, entre tes mains, je remets mon Esprit* (Lc 23,46).

L'épreuve

La Passion du Christ permet de comprendre cette manière divine de vivre l'épreuve. Cette manière divine est totalement humaine. Jésus est un prisonnier. Je me rends assez souvent à la prison de Fleury-Mérogis, et, petit à petit, je prends conscience de ce qu'est un prisonnier. Tout le monde vous le dira, un prisonnier est quelqu'un qui a perdu sa liberté. La liberté ! On en parle beaucoup, mais souvent en oubliant que le manque de liberté n'est jamais simplement un manque qu'atteste l'extérieur de soi-même, mais qui est d'abord ressenti, vécu, souffert de l'intérieur, et qui ronge sa propre humanité.

L'épreuve est de ne pas être traité comme un homme, comme une femme. L'épreuve est le manque de conversation. Prisonnier, vous n'êtes plus un interlocuteur. Au mieux, un assisté. L'épreuve est que l'on veille pour vous à la satisfaction de vos besoins élémentaires, comme pour un animal. L'épreuve est que le corps devient l'unique obsession (manger, ne pas souffrir) et, quelquefois, il est davantage prison que la prison elle-même. L'épreuve est la lente montée du fatalisme en soi, de la résignation, l'anesthésie du sens moral – c'est la faute des autres –, le départ de soi-même, le rêve de fuite... L'épreuve est la loi qui, abstraitement, sans tenir compte des personnes, fixe les processus qui s'imposent dans chaque moment de la vie courante.

Jésus a été prisonnier... Il a connu cette épreuve symbolique de toutes les épreuves. Et il l'a vécue divinement. Simplement, aussi. Ce qui frappe dans la Passion du Christ, c'est son calme. Saint Jean lui fait dire, dans le discours après la Cène :

> *C'est la paix que je vous laisse, c'est ma paix que je vous donne ; ce n'est pas à la manière du monde que je vous la donne. Ne soyez donc pas bouleversés et effrayés. Vous avez entendu ce que je vous ai dit : Je m'en vais, et je reviens vers vous. Si vous m'aimiez, vous seriez dans la joie puisque je pars vers le Père, car le Père est plus grand que moi.*
>
> *Jn 14, 27-28*

Visiblement, Jésus ne vit pas sa Passion dans le stress. Dans l'angoisse, oui, mais il ne devient pas agité pour autant. Quel est son secret ? Il me semble triple. Tout d'abord, il est en prière – il se reçoit du Père –, il est en lien profond et continu avec son Père.

Il s'écarta un peu et tomba la face contre terre, en faisant cette prière : « Mon Père, s'il est possible, que cette coupe passe loin de moi ! Cependant, non pas comme je veux, mais comme tu veux. »

Mt 26,39

Ce lien avec son Père le place au cœur de la fraternité universelle. Une des conséquences de l'épreuve est généralement d'isoler le prisonnier sur soi-même et, plus il est isolé, plus il est centré sur son problème, plus celui-ci devient insupportable. La non-résistance de Jésus n'est pas l'acceptation résignée de son malheur, elle est amour même de l'ennemi. Au cœur de la Passion, il n'y a aucune invective (cf. Mt 12,34).

Jésus disait : « Père, pardonne-leur : ils ne savent pas ce qu'ils font. » Ils partagèrent ses vêtements et les tirèrent au sort.

Lc 23,34

Dans cette « défixation » sur son malheur, ses proches ont leur place importante : leur présence est sans doute essentielle pour lui et lui permet de sortir de sa douleur pour leur être présent et même donner sens à ce qu'il vit.

Jésus, voyant sa mère, et près d'elle le disciple qu'il aimait, dit à sa mère : « Femme, voici ton fils. » Puis il dit au disciple : « Voici ta mère. » Et à partir de cette heure-là, le disciple la prit chez lui.

Jn 19,26-27

Le troisième volet de ce secret est une manière de se situer que je n'oserais appeler humour ou ruse, ou capacité de rester soi-même alors qu'on est manipulé… Souvent, dans sa Passion, Jésus est capable de garder le silence (devant le Sanhedrin, devant Pilate), mais aussi de rétorquer de manière habile.

> *« Pourquoi me questionnes-tu ? Ce que j'ai dit, demande-le à ceux qui sont venus m'entendre. Eux savent ce que j'ai dit. » À cette réponse, un des gardes, qui était à côté de Jésus, lui donna une gifle en disant : « C'est ainsi que tu réponds au grand prêtre ! » Jésus lui répliqua : « Si j'ai mal parlé, montre ce que j'ai dit de mal ; mais si j'ai bien parlé, pourquoi me frappes-tu ? »*
>
> *Jn 18,21-23*

La Transfiguration

Beaucoup peuvent admirer l'homme Jésus dans sa Passion. Mais cette admiration ne conduit pas à voir dans cette épreuve une manière divine de se comporter. Certes, le théologien peut dire que les personnes divines, dans la Trinité, sont totalement données, actives, et totalement réceptives à l'autre, passives. C'est même parce qu'elles sont pures relations qu'elles sont divines. Elles ne gardent rien pour elles. Pour autant, ceci n'est pas compréhensible humainement. Il faut que Dieu lui-même le révèle. Et un des lieux de cette révélation est le récit de la Transfiguration, qu'il convient de relire ici (Lc 9,28-36).

Ce récit est bien connu. Il est souvent commenté, et je ne prétends pas ici résumer ou amplifier ses commentaires. L'événement de la Transfiguration manifeste clairement la divinité du Christ. Saint Thomas d'Aquin explique que le « miracle » est l'Incarnation, et le fait que l'Incarnation ne laisse pas voir Dieu en Jésus. Et il appelle la Transfiguration le miracle de l'interruption du miracle. Mais si l'Incarnation ne permet pas de voir habituellement Dieu en Jésus et permet de le voir lors de la Transfiguration, c'est, évidemment, pour notre salut. On peut certes se poser la question de ce que fut cet événement pour Jésus et y lire le consentement que l'homme Jésus donnait à son être Dieu. Je ne m'aventurerai pas sur ce terrain. Je m'interroge sur la signification de la Transfiguration pour nous. Et, pour cela, il faut reprendre le texte d'assez près.

« Or, environ huit jours après »

Le huitième jour sera celui de la Résurrection. Marc ayant noté que la transfiguration avait eu lieu « six jours après », le « environ » de Luc dénote une intention théologique.

« Pierre, Jacques et Jean »

Marc note que ces disciples furent les témoins rapprochés de l'agonie du Christ à Gethsemani.

« Il monte dans la montagne pour prier »

La Transfiguration a lieu pendant la prière de Jésus. On traduit généralement « sur la montagne » mais il faudrait traduire « dans la montagne ». Un parallèle s'impose avec Gethsemani, où Jésus se rend au Mont des Oliviers avec ses disciples et où il prie et où, bientôt, des anges vont le réconforter.

« Pendant qu'il priait, l'aspect de son visage changea et son vêtement devint d'une blancheur éclatante »

Luc évite le mot métamorphose, transfiguration, sans doute par crainte d'être mal compris des Grecs qui dans leur mythologie aimaient les dieux qui changeaient de forme. Il souligne ainsi que c'est bien Jésus dans sa forme humaine qui est divin. Évidemment, la description de cet événement indescriptible doit beaucoup à Daniel (Dn 10,5-12).

Le vêtement est toujours lié à une civilisation, à une culture. Même le vêtement devient resplendissant : c'est donc toute l'humanité de Jésus en lui-même et dans ses relations avec les hommes qui est située « en Dieu ». Cela dit, Jésus va mourir nu, sans vêtement, comme pour signifier que, sur la Croix, il rejoint tous les hommes, quelles que soient leurs cultures.

« Deux hommes s'entretenaient avec lui, c'étaient Moïse et Élie ; apparus en gloire, ils parlaient de son départ qui allait s'accomplir à Jérusalem »

Moïse est la personnification de la Loi et Élie du prophétisme : la plupart des interprètes pensent qu'ils sont là pour témoigner de ce que toute l'Écriture désigne Jésus comme Messie et Fils de Dieu. Mais il me semble qu'à la suite de quelques auteurs, il est possible d'aller plus loin.

Moïse et Élie sont des hommes qui rappellent la montagne où ils ont rencontré Dieu : l'Horeb. La similitude ne s'arrête pas là. L'un et l'autre ont cru devoir être criminels « au nom de Dieu », au nom de la justice de Dieu. Moïse a dû s'enfuir au Sinaï pour avoir tué un Égyptien, Élie pour avoir tué les prêtres de Madian. L'un et l'autre semblent s'être retrouvés sur la montagne parce que leur vie débouchait sur une impasse. L'un et l'autre, après l'épisode de la montagne, sont retournés là d'où ils étaient venus se confronter à leurs adversaires de toujours, mais selon une autre logique.

> *Il ne faut donc pas que le péché règne dans votre corps mortel et vous fasse obéir à ses désirs. Ne mettez pas les membres de votre corps au service du péché pour mener le combat du mal : mettez-vous au contraire au service de Dieu comme des vivants revenus de la mort, et offrez à Dieu vos membres pour le combat de sa justice.*
>
> *Rm 6,12-13*

On peut dire qu'ils sont passés par la mort à eux-mêmes pour vivre selon la logique de Dieu… Et, puisqu'ils sont morts à eux-mêmes, leur mort n'est plus véritablement celle du commun des mortels !

> *Il l'enterra dans la vallée, au pays de Moab, en face de Beth-Péor, et personne n'a jamais connu son tombeau jusqu'à ce jour.*
>
> *Dt 34,6*

> *Alors Élie enleva son manteau, le roula et en frappa les eaux, qui se séparèrent. Ils passèrent tous deux à pied sec. Comme ils passaient, Élie dit à Élisée : « Demande ce que je dois faire pour toi avant d'être enlevé loin de toi ! » Élisée répondit : Que vienne sur moi, je t'en prie, une double part de ton esprit ! »*
>
> *2 R 2,8-9*

Jésus, Moïse et Élie parlent du départ de Jésus, de son Exode.

> *Toute l'histoire du salut est pour ainsi dire l'histoire d'un Exode. Elle commence avec Abraham, par l'invitation à sortir, et cela reste continuellement son mouvement propre, qui atteint à sa véritable profondeur dans la Pâque de Jésus Christ dans l'amour radical qui va jusqu'à l'Exode total hors de soi-même, à la sortie de soi pour aller aux autres, jusqu'au don radical de la mort (Jn 13,1). Et cela montre bien comment la théologie de la Résurrection en vient à être, au sens tout à fait littéral du terme, une théologie de l'existence, de l'ex-sistere, de cet Exode de l'homme hors de soi, par lequel seul il peut se trouver lui-même.*
>
> Joseph Ratzinger, *Les principes de la théologie catholique,* Paris, Téqui, 1985, p. 211

Si Dieu est Dieu et qu'il est pleinement, c'est parce que chaque personne divine est total Exode de soi-même vers les autres.

La mention de Jérusalem est une constante chez saint Luc. Il dira un peu plus tard, montrant la pleine conscience de ce qui va lui arriver :

> *Jérusalem, Jérusalem, toi qui tues les prophètes, toi qui lapides ceux qui te sont envoyés, combien de fois j'ai voulu rassembler tes enfants comme la poule rassemble ses poussins sous ses ailes, et vous n'avez pas voulu ! Maintenant, Dieu abandonne votre Temple entre vos mains. Je vous le déclare : vous ne me verrez plus jusqu'au jour où vous direz : « Béni soit celui qui vient au nom du Seigneur ! »*
>
> *Lc 12,34-35*

Au fond, pour manifester qui est Dieu, Moïse et Élie témoignent de la nécessité que Jésus passe par la mort à lui-même !

« Pierre et ses compagnons étaient écrasés de sommeil, mais, s'étant réveillés, ils virent la gloire de Jésus et les deux hommes qui se tenaient avec lui. »

Lorsque l'on connaît la suite, c'est-à-dire Gethsémani, on ne peut que faire le parallèle. Certes, on peut penser que la Transfiguration a eu lieu de nuit, comme Gethsémani, mais le « sommeil » des disciples est étrange. Il semble presque incoercible. Écrasant. Pourquoi ? Probablement parce qu'ils sont saisis par la rencontre avec Dieu : on ne peut pas voir Dieu sans mourir (cf. Jg 6,23 et 13,22) et le sommeil est une petite mort qui permet de rencontrer Dieu agissant (cf. la création d'Ève, ou Abraham – Gn 2,21).

Réveillés ! voici que les apôtres se réveillent, comme s'ils anticipaient leur propre résurrection et allaient devenir acteurs. Mais ils ne peuvent devenir eux-mêmes que s'ils accompagnent Jésus dans sa Passion, comme la suite va le montrer.

« Pierre lui dit : "Maître, il est bon que nous soyons ici ; dressons trois tentes, une pour toi, une pour Moïse, une pour Élie" »

Il est beau, bon d'être ici... Pierre se sent arrivé, il a l'impression d'avoir compris, d'être accompli. Les trois tentes ont fait couler beaucoup d'encre. La tente est l'outil et le symbole de l'étranger dans un pays, ce qui est la condition du Peuple de Dieu, de chaque homme et de chaque femme sur cette terre : la fête des Tentes chez les juifs rappelle le désert mais veut redonner le goût de la rencontre avec Dieu. Cette rencontre n'est pas seulement après la vie, mais, pour qui sait voir, dans la vie, dans la profondeur, une sorte d'au-delà présent au cœur de la vie ordinaire. La fête des Tentes ravive le désir de rencontre signifié par la Tente de la Rencontre et le Temple. Pierre pense, comme David le faisait, qu'il peut construire la tente de la rencontre ou le Temple. Cela n'est pas possible. Le texte dit qu'il ne savait pas ce qu'il disait. La rencontre avec Lui est un don de Dieu, qui se manifeste à Pierre immédiatement parce qu'il est pris dans la nuée – signe de la présence de Dieu.

« La crainte les saisit au moment où ils pénétraient dans la nuée »

La « crainte » exprime évidemment le sentiment d'être totalement dépassé par la rencontre avec Dieu. Ce n'est pas une peur. C'est un saisissement. Pierre se retrouve en Dieu.

Il est, quelques instants, ce qui correspond à son être le plus profond, ce pour quoi il a été créé.

« Et il y eut une voix venant de la nuée ; elle disait : " Celui-ci est mon fils bien aimé, celui que j'ai élu. Écoutez-le" »

En entendant cette voix, nous pensons immédiatement au baptême de Jésus. Luc est (un peu) original par rapport aux autres évangélistes, en ajoutant : *Celui que j'ai élu* qui rappelle le serviteur souffrant d'Isaïe 42,1-8. Mais l'ajout principal par rapport au baptême, c'est : « Écoutez-le. » « Obéissez-lui. » Voici que Jésus est celui qui, dans son Exode, demande à être suivi totalement. Luc, quelques versets plus haut, soulignait l'appel à suivre le Christ. Il en donne ici le sens.

> *Il disait aussi à la foule : « Celui qui veut marcher à ma suite, qu'il renonce à lui-même, qu'il prenne sa croix chaque jour, et qu'il me suive. Car celui qui veut sauver sa vie la perdra ; mais celui qui perdra sa vie pour moi la sauvera. Quel avantage un homme aura-t-il à gagner le monde entier, si c'est en se perdant lui-même et en le payant de sa propre existence ? »*
>
> *Lc 9,23-25*

« Il n'y eut plus que Jésus seul »

La Loi et les prophètes étaient là pour attester que le chemin parcouru par Jésus était le chemin de Dieu. Mais s'ils permettent de le reconnaître, une fois lié à Jésus, Lui seul compte.

« Les disciples gardèrent le silence »

Beaucoup de commentateurs, que résume le Catéchisme de l'Église catholique, affirment que la Transfiguration avait pour but de fortifier la foi des disciples.

> *La Transfiguration du Christ a pour but de fortifier la foi des apôtres en vue de la Passion : la montée sur la « haute montagne » prépare la montée au Calvaire. Le Christ, Tête de l'Église, manifeste ce que son Corps contient et rayonne dans*

les sacrements : « l'espérance de la Gloire » (Col 1,27) (cf. saint Léon le Grand, serm. 51, 3 : PL 54, 310C).

Catéchisme de l'Église catholique

Le moins que l'on puisse dire, c'est que cela n'a pas marché ! Les apôtres ne furent pas très glorieux lors de la Passion ! Comment auraient-ils pu comprendre, avant la Résurrection, que, lors de sa Transfiguration, Jésus accepte et sa divinité et la manifestation de celle-ci dans son humanité et nous appelle à entrer dans cet Exode ? Jésus dit cela à sa manière (Jn 12,26-29). Même si cela peut choquer, il faut le proclamer avec force : « obéir » nous fait ressembler à Dieu. Le Christ a voulu le signifier en devenant « serviteur ». Et en acceptant d'être totalement broyé. Mais il a accepté librement. *Ma vie, nul ne la prend, mais c'est moi qui la donne.*

Participer à la relation filiale, en quoi cela consiste-t-il ? Comment cela se passe-t-il chez Jésus lui-même ? Dans les Évangiles, cela se manifeste surtout dans la prière de Jésus. Être Fils, cela signifie avant tout pour lui qu'il est un priant, que, à la base de son existence, toujours, même quand il œuvre parmi les hommes ou quand il se repose, il est ouvert au Dieu Vivant, toujours il est à son écoute, toujours il place son existence en relation d'échange avec Lui, et vit ainsi en tout lieu de cette profondeur. Le Fils n'élabore pas tout seul le plan de son existence, mais il le reçoit du plus profond de son dialogue avec Dieu. C'est ce dialogue qui le rend libre pour affronter les hommes et qui le rend libre pour servir. C'est ce dialogue qui lui fait comprendre l'Écriture, sans école et sans maître, plus profondément qu'eux tous – connaissance qui lui vient vraiment de Dieu même. Si l'on devient le fils de ce Père, alors on n'est plus seul. Entrer dans cette filiation, c'est entrer dans une grande famille. Cela crée une nouvelle parenté. S'attacher au Christ signifie aussi toujours s'attacher à tous ceux dont il a voulu faire un seul corps.

Benoît XVI, *Principes de la pensée catholique, op. cit.*

Questions

- Comment accueillez-vous les épreuves dans votre vie ? Vous diriez-vous plutôt fataliste ? Plutôt révolté ?

- Avez-vous tendance à vous plaindre ? À cacher ce qui vous arrive de difficile ? Savez-vous appeler au secours ?

- Comment vivez-vous les épreuves de vos amis ?

- En quoi l'obéissance du Christ vous éclaire-t-elle ? À quoi vous appelle-t-elle ?

- Pensez-vous à votre mort ? Est-ce que cela change quelque chose à votre vie ? Pensez-vous à la vie après la mort ?

Oser la gloire !

Ô Seigneur, à toi la gloire, la louange pour les siècles.
Ô Seigneur, à toi la gloire, éternel est ton amour.

Vous les cieux, vous les anges, toutes ses œuvres
bénissez le Seigneur.

Ô Seigneur, à toi la gloire, la louange pour les siècles.
Ô Seigneur, à toi la gloire, éternel est ton amour.

Astres du ciel, soleil et lune, pluies et rosées
bénissez le Seigneur.

Ô Seigneur, à toi la gloire, la louange pour les siècles.
Ô Seigneur, à toi la gloire, éternel est ton amour.

Vous son peuple, vous ses prêtres, vous ses serviteurs
bénissez le Seigneur.

E. Baranger, *Emmanuel*

Être à l'image de Dieu le Fils en osant parler, en osant obéir ne suffit pas. Il faut oser chercher la gloire. Là encore, un paradoxe se cache : Jésus, le Fils de Dieu incarné, est « glorifié » lorsqu'il n'est plus rien, pur accueil de son Père, pur accueil des hommes, parfait reflet du Père sur la Croix. Lors de la Transfiguration, nous venons de le voir, Jésus apparaît lumineux. Luc, on s'en souvient, note que les apôtres virent la gloire de Jésus et nous en avons déduit qu'ils avaient pu percevoir quelque chose de sa divinité. Cette divinité est évidemment au cœur de notre foi. Et si nous sommes croyants, nous arrivons à l'admettre. Mais notre foi nous demande de croire que nous aussi – dans notre misère – nous sommes porteurs de la gloire de Celui avec qui faisons corps.

> *Or, le Seigneur, c'est l'Esprit, et là où l'Esprit du Seigneur est présent, là est la liberté.*
> *Et nous, les Apôtres, qui n'avons pas, comme Moïse, un voile sur le visage, nous reflétons tous la gloire du Seigneur, et nous sommes transfigurés en son image avec une gloire de plus en plus grande, par l'action du Seigneur qui est Esprit.*
>
> *2 Co 3,17-18*

La gloire de Dieu ! Notre visage contemple et reflète la gloire de Dieu. Nous sommes là encore au cœur du mystère chrétien et il faut prendre le temps de comprendre, d'accueillir. Paul et Jean sont les deux grands chantres de la gloire de Dieu. Nous connaissons l'Évangile de la Transfiguration, mais il est intéressant d'examiner l'Ancien Testament, puis l'Évangile de Jean (certains ont appelé les chapitres 13 à 21 de son Évangile le livre de la gloire). Qu'est-ce que la gloire de Dieu ? La plénitude, la perfection, la somme des qualités de Dieu qui se manifeste à nous ! Et même encore davantage comme une lecture cursive de l'Ancien Testament peut le faire découvrir.

La gloire de Dieu dans l'Ancien Testament

Le mot gloire traduit l'hébreu *kavod*, dont la racine évoque la lourdeur : la gloire renvoie au fait d'avoir de la valeur, de la force, de l'honneur, de la réputation, de la beauté.

> *La gloire n'est ni une catégorie esthétique, ni une catégorie physique. On la perçoit sous l'aspect de la grandeur, mais elle est plus que la grandeur. Elle est une présence vivante, ou mieux, le rayonnement d'une présence vivante.*
>
> A. J. Heschel, *Dieu en quête de l'homme*

Le rayonnement d'une présence vivante. Pour nous faire une idée, nous pouvons penser au rayonnement de Jean-Paul II, mais ce n'est qu'une image ! La gloire de Dieu se manifeste aux yeux du croyant, dans sa création. Elle est manifeste dans le Psaume 107-108. Et, pour le psalmiste, voir la gloire de Dieu invite à « rendre gloire », à « glorifier », celui dont il perçoit la présence au-delà du créé.

> *Rendez grâce au Seigneur, proclamez son nom, annoncez parmi les peuples ses hauts faits ;*
> *chantez et jouez pour lui, redites sans fin ses merveilles ;*
> *glorifiez-vous de son nom très saint : joie pour les cœurs qui cherchent Dieu !*
>
> *Ps 104-105,1-3*

Pour belle que soit la création, elle ne dit pas tout – loin de là – de la gloire de Dieu. La gloire est la révélation de cette personne divine qui donne son nom à Moïse et qui se manifeste à lui sur le mont Sinaï (Ex 24,16-17). Or, ce Dieu personnel veut demeurer au milieu de son Peuple et pouvoir ainsi échanger-rencontrer et être rencontré. La gloire est le poids de la présence de ce Dieu au cœur de son peuple ; elle s'exprime par la charte d'Alliance – ce que nous appelons les dix commandements.

> *Ils me feront un sanctuaire et je demeurerai parmi eux.*
>
> *Ex 25,8*

> *Tu placeras dans l'arche la charte que je te donnerai.*
>
> *Ex 25,16*

> *La nuée couvrit la tente de la rencontre et la gloire du Seigneur remplit la demeure.*
>
> *Ex 40,34*

Lorsque Salomon eut construit le Temple, la gloire de Dieu y habita (1 R 8,10-11) : Dieu manifeste ainsi qu'il veut vivre au milieu de son Peuple, lui être présent dans son actualité, heureuse et malheureuse. Il demeure en Israël. Il est présent. Les pharisiens créeront un mot pour désigner cette présence, la *shekinah*, en le calquant sur le verbe *shakan* (résider).

> *Et le Verbe s'est fait chair, il a planté sa tente parmi nous, et nous avons vu sa gloire, la gloire qu'il tient de son Père comme Fils unique, plein de grâce et de vérité.*
>
> *Jn 1,14*

La Gloire de Dieu en saint Jean

Le mot gloire en français traduit le grec *doxa* que la Septante, la traduction grecque de la Bible hébraïque, utilise pour traduire l'hébreu *kavod*. Le mot *doxa* est dérivé du verbe *doxein*, qui veut dire « sembler » « donner l'image de ». Quand il traduit l'hébreu *kavod*, il connote l'idée de grandeur, de respect, de réputation.

Saint Jean emploie le mot *doxa*, mais aussi le verbe *doxazein*, « être glorifié ». La théologie de saint Jean résume la mission de Jésus à la glorification du Père. Jésus est sur terre pour que son Père soit glorifié. Mais son Père n'a de cesse de montrer que Jésus est présence de Dieu, gloire de Dieu sur terre…

> *Alors Jésus leur déclare : « L'heure est venue pour le Fils de l'homme d'être glorifié.*
> *« Maintenant je suis bouleversé. Que puis-je dire ? Dirai-je : Père, délivre-moi de cette heure ? Mais non ! C'est pour cela que je suis parvenu à cette heure-ci ! Père, glorifie ton nom ! »*

> *Alors, du ciel vint une voix qui disait : « Je l'ai glorifié et je le glorifierai encore. »*
>
> *Jn 12,23 ; 12,27-28*

Pour être plus exact, la gloire de Jésus – nous dirions sa présence divine – était partagée avec le Père avant son Incarnation (cf. Jn 17,5 ; 17,26). Elle le sera après sa vie sur terre et se manifeste sur cette terre de temps en temps. Et, en fait, l'heure de Jésus – celle annoncée à Cana (Jn 2,4), celle qui arrive quand des Grecs viennent le voir (Jn 12,23) – est celle de la Croix où, paradoxalement, sa gloire sera manifestée. C'est tout le sens des discours après la Cène. Dans ces discours, Jésus semble déjà transcender le temps et avoir acté sa mort (Jn 17,1-5).

Cette double glorification du Père par le Fils et du Fils par le Père n'est pas une sorte de renvoi d'ascenseur. Seule la Croix peut faire comprendre la qualité de cet échange en faisant éclater la vérité de la présence de Dieu, celle du Père comme celle du Fils. La présence du Père est amour, miséricorde, volonté d'amitié et de vie éternelle pour l'homme. La présence divine du Fils est totale confiance, total don de soi. La mort et la résurrection de Lazare annoncent cette double glorification de la Croix, en manifestant que, si la gloire de Dieu est manifestée, c'est pour que l'homme vive. *En apprenant cela, Jésus dit : « Cette maladie ne conduit pas à la mort, elle est pour la gloire de Dieu, afin que par elle le Fils de Dieu soit glorifié »* (Jn 11,4). À vrai dire, même si, comme à son habitude, il est discret, l'Esprit Saint participe à cette glorification : Jésus l'avait annoncé à la fête des Tentes.

> *Au jour solennel où se terminait la fête, Jésus, debout, s'écria : « Si quelqu'un a soif, qu'il vienne à moi, et qu'il boive, celui qui croit en moi ! Comme dit l'Écriture : Des fleuves d'eau vive jailliront de son cœur. En disant cela, il parlait de l'Esprit Saint, l'Esprit que devaient recevoir ceux qui croiraient en Jésus. En effet, l'Esprit Saint n'avait pas encore été donné, parce que Jésus n'avait pas encore été glorifié par le Père. »*
>
> *Jn 7,37-39*

Le Fils révèle quelle est la présence de Dieu dans ce monde (Jn 17,4), mais c'est l'Esprit qui glorifie le Fils en permettant d'entendre la Révélation du Père.

> *Quand il viendra, lui, l'Esprit de vérité, il vous guidera vers la vérité tout entière. En effet, ce qu'il dira ne viendra pas de lui-même : il redira tout ce qu'il aura entendu ; et ce qui va venir, il vous le fera connaître. Il me glorifiera, car il reprendra ce qui vient de moi pour vous le faire connaître. Tout ce qui appartient au Père est à moi ; voilà pourquoi je vous ai dit : Il reprend ce qui vient de moi pour vous le faire connaître.*
>
> *Jn 16,13-15*

On ne peut pas parler de la gloire de Dieu dans la théologie de saint Jean sans « entendre » ce que les croyants disent de la présence de Dieu en leur cœur grâce à l'Esprit (Jn 14,16). Même s'il est difficile pour nous chrétiens de bien percevoir le côté extraordinaire, mystérieux, de ce Dieu qui se fait présent et révèle ce qu'est sa présence par la Croix, nous pouvons entendre que l'Esprit Saint nous fait voir (un peu !) en Jésus le Temple de Dieu, où demeure sa présence et où il est possible de le rencontrer. Saint Jean va beaucoup plus loin. Non seulement les disciples, grâce à l'Esprit, peuvent entrevoir quelque chose de ce mystère, mais ils participent à ce mystère ! Et, explicitant le sens de la Cène et de l'Eucharistie, il peut dire : *Je prie pour ceux que tu m'as donnés… J'ai été glorifié en eux.* Par l'Eucharistie, les chrétiens deviennent le Temple de la rencontre avec Dieu dans l'actualité du monde. Et, comme le Christ, avec lui, liés à lui comme les sarments avec la vigne, ils glorifient Dieu, ils sont la présence visible de Dieu sur cette terre.

> *Ce qui fait la gloire de mon Père, c'est que vous donniez beaucoup de fruit : ainsi, vous serez pour moi des disciples. Comme le Père m'a aimé, moi aussi je vous ai aimés. Demeurez dans mon amour.*
>
> *Jn 15,8-9*

Encore le verbe « demeurez » ! Pour saint Jean, la gloire de Dieu n'est pas circonscrite à Dieu lui-même. La gloire de Dieu, sa glorification sont la réponse amoureuse de sa création à ce qu'il est, réponse qu'il appelle, qu'il permet, réponse qui, dans l'Esprit, est l'écho de ce qu'il est profondément. Il a voulu que nous soyons nécessaires à sa gloire. Je ne reprends pas ce que nous avons vu plus haut. Les autres auteurs du Nouveau Testament n'ont pas un message différent ! Luc, dans l'évangile de l'enfance, révèle que Jésus est la gloire de Dieu. *Gloire à Dieu au plus haut des cieux, et paix sur la terre aux hommes qu'il aime* (Lc 2,14).

La gloire présente dans cet enfant ordinaire annonce notre futur. Nos corps seront « glorieux », exempts de notre pesanteur terrestre et resplendissants de la lumière de Dieu.

Saint Paul dira : *Le Christ en vous, espérance de la gloire* (Col 1,27). Il faut lire la Transfiguration comme la révélation de ce qu'est le Christ et de ce que nous serons ! Il convient de ne pas se tromper : ce qui est signifié est que nous serons nous-mêmes, nous garderons la même identité, la même histoire, tout en étant « spirituels ».

La gloire de Dieu en saint Paul

La deuxième épître de Paul aux Corinthiens est une épître de combat. Mis en cause personnellement, il se défend en témoignant de la présence active en lui du Christ à qui il a donné sa vie comme en témoigne une expression fréquente dans cette épître. Il se veut *dans le Christ Jésus* ! Prenons le texte que j'ai cité en introduction de ce chapitre.

Le Seigneur est l'Esprit (2 Co 3,17)

Ces mots concluent un long passage sur la lettre et l'esprit, qui ne me semble pas être directement une déclaration sur l'Esprit Saint, mais un enseignement sur la bonne manière de lire l'Écriture : en cherchant à contempler le Christ. C'est lui qui éclaire l'Écriture, et c'est à partir de sa présence que l'on peut l'interpréter : *C'est par la conversion au Seigneur que le voile tombe* (2 Co 3,16).

Là où est l'Esprit du Seigneur, là est la liberté

Ici, il s'agit bien de l'Esprit Saint ; celui que donne Jésus lorsqu'on le lui demande. Suivre Jésus dans son Esprit nécessite que l'Esprit nous libère intérieurement de tout ce qui rigidifie notre regard et notre compréhension.

Mais nous tous

Au chapitre précédent, Paul notait que seul Moïse reflétait la gloire de Dieu sur son visage (2 Co 3,7) Aujourd'hui, ce qui n'était réservé qu'au seul Moïse est donné à tous les chrétiens !

> *Car le Dieu qui a dit : « La lumière brillera au milieu des ténèbres », a lui-même brillé dans nos cœurs pour faire resplendir la connaissance de sa gloire qui rayonne sur le visage du Christ.*
>
> 2 Co 4,6

Le visage dévoilé

À visage découvert, pourrait-on traduire… Moïse avait été obligé de mettre un voile, d'abord pour masquer l'éclat de la gloire de Dieu sur son visage, puis pour cacher l'absence de cette gloire car ce reflet ne fut que passager. Le chrétien, lui, n'a pas besoin de se masquer pour camoufler son indigence. Elle est totale, comme celle du Christ en Croix. Mais le chrétien est lumière du monde et sel de la terre. Il est par nature participant à la lumière du Christ.

De plus, la Loi n'est plus pour lui un obstacle pour découvrir (car personne ne peut la pratiquer totalement en vérité) l'amour gratuit de Dieu et du Christ. Le voile sur les yeux des frères juifs empoisonne la vie de Paul, car il aime ses frères et souhaiterait qu'au lieu de s'enfermer dans une lecture juridique de l'Ancien Testament, ils lisent celui-ci comme une entrée dans le mystère du Christ.

Comment ne pas penser ici à la « conversion » de Paul ? Il découvrit alors qu'il avait un voile sur les yeux et qu'il avait besoin de l'Église pour le lui ôter.

> *Saul se releva et, bien qu'il eût les yeux ouverts, il ne voyait rien. Ils le prirent par la main pour le faire entrer à Damas. Ananie partit donc et entra dans la maison. Il imposa les mains à Saul, en disant : « Saul, mon frère, celui qui m'a envoyé, c'est le Seigneur, c'est Jésus, celui qui s'est montré à toi sur le chemin que tu suivais pour venir ici. Ainsi, tu vas retrouver la vue, et tu seras rempli d'Esprit Saint. » Aussitôt tombèrent de ses yeux comme des écailles, et il retrouva la vue. Il se leva et il reçut le baptême.*
>
> *Ac 9,8 ; 17-18*

Refléter comme un miroir la gloire du Seigneur

Le verbe *catadioptrizestai* a donné en Français catadioptre, ces sortes de miroirs qui renvoient la lumière des phares qui les éclairent et indiquent ainsi le bord de la route. La gloire du Christ nous éclaire et, en nous éclairant, permet de tracer un chemin, chemin que d'autres, grâce à nous, peuvent emprunter. Mais le verbe peut aussi vouloir dire contempler et il faut sans doute garder les deux sens du mot. C'est en contemplant la gloire du Christ que nous pouvons discerner l'Esprit et refléter ainsi sa présence dans le monde.

À vrai dire, l'image du dispositif optique – du catadioptre – invite à la modestie : nous sommes habités par la gloire de Dieu, mais si nous sommes lumineux, c'est que parce que le Christ nous habite. Aucune lumière ne vient du catadioptre. Quelques moines du Moyen Âge, voulant détourner les Gaulois du culte de Cybèle, la déesse de la terre, eurent l'idée des vierges noires et ils les justifièrent en affirmant que, comme la lune, sa lumière ne venait pas d'elle, mais de son Fils. Ce qui est vrai de la Vierge, pur miroir du Fils, l'est encore davantage de nous, pauvres pécheurs !

Nous sommes transfigurés en cette même image

Le verbe employé (que l'on peut transcrire ici par métamorphosés) veut dire que nous sommes vraiment transformés, changés de l'intérieur. On pourrait croire que, par la contemplation du Christ, nous causons nous-mêmes cette Transfiguration mais le passif ici indique bien que c'est une action de Dieu et qu'il en est le seul sujet. Dieu nous transforme ! C'est le Père qui se sert de notre contemplation, aidée par l'Écriture, pour nous faire ressembler à son Fils.

L'image est un thème essentiel : nous avons été créés à l'image de Dieu, mais la ressemblance de cette image avec Dieu a été obscurcie. Le Christ, lui, est l'image parfaite du Dieu invisible (Col 1,15), et donc une manifestation de sa gloire.

> *Il est voilé pour ceux qui se perdent… pour les incrédules dont l'intelligence a été aveuglée par le dieu de ce monde (Satan) : il les empêche de voir resplendir dans l'Évangile la gloire du Christ, lui qui est l'image de Dieu.*
>
> *2 Co 4,4*

Ce que Paul affirme ici est que la lecture contemplative de l'Écriture est l'occasion pour Dieu de nous faire récupérer l'être que nous sommes, cet être image de sa gloire manifestée par le Christ.

De gloire en gloire

L'expression est difficilement traduisible. Elle indique une progression et le but de cette progression. Ce qui est certain est que tout chrétien est l'image de Dieu et qu'il est appelé à être modelé, par étapes, pour être image et ressemblance de celui qui est éternellement présent. D'une certaine manière, la vie des saints permet de le comprendre. Mais, trop vite, nous laissons aux saints la joie de refléter la gloire de Dieu alors que nous tous – dès aujourd'hui – nous sommes lumière du monde.

Par le Seigneur de l'Esprit
Par le Seigneur qui est Esprit
Par l'Esprit qui est Seigneur…

Toutes les traductions sont possibles !

> *Le Sauveur lui-même a prié son Père pour ses disciples en disant : Père, fais que, comme toi et moi nous sommes un, ainsi qu'eux sont un en nous. Sans cesse, donc, contemplons cette image afin de pouvoir être renouvelés et transfigurés à sa ressemblance. Car, si un homme qui fut créé à l'image de Dieu contemple l'image du diable par le péché en violentant sa nature au point de lui devenir semblable, à plus forte raison*

pourra-t-il, avec l'aide du Verbe et ses propres efforts, en contemplant l'image de Dieu à la ressemblance de qui il avait été créé par Dieu lui-même, recevoir à nouveau cette forme qui lui avait été donnée dès sa naissance.

Origène, *Sur la Genèse*, 1. 13

La gloire de Dieu, c'est l'homme vivant et la vie de l'homme, c'est la vision de Dieu.

Saint Irénée

Bien des choses ont été écrites pour commenter saint Irénée. Je ne suis pas capable d'y ajouter une ligne. Par contre, en regardant ce qui fait la gloire humaine habituellement, l'autorité, le savoir, la technique, la beauté, la virtuosité, la séduction, je ne peux que distinguer la gloire humaine de celle dont nous venons de parler. Il n'y a, dans la gloire évangélique, aucun mépris des valeurs humaines mais leur totale relativisation en fonction de la vision de Dieu et de l'avenir du monde. Ce qui manifeste la gloire de Jésus, c'est son engagement total en faveur de Dieu, des pauvres et du bien commun. Au fond, la gloire de Jésus est celle du seul homme qui ait été véritablement humain. Et la gloire du chrétien est dans l'acceptation de faire corps avec lui totalement, mais peut-être aussi de savoir distinguer dans le véritablement humain un signe de la gloire de Dieu.

Dans ce sens-là, le chrétien est un familier de la gloire (He 2,9-12).

Questions

- À votre avis, quels sont les hommes et les femmes qui, aujourd'hui, reflètent la gloire de Dieu ?
- Aspirez-vous à partager la gloire de Dieu ?
- Pourquoi la Croix du Christ est-elle aux yeux de l'Église le lieu de glorification du Christ ?
- Comment les non-chrétiens peuvent-ils rencontrer Dieu aujourd'hui ? Certains d'entre eux illuminent-ils les chemins de l'humanité ? Comment ? Pourquoi ont-ils, cependant, besoin de rencontrer le Christ ?
- En quoi êtes-vous aujourd'hui porteur de la gloire de Dieu ?

Oser la pauvreté

Seigneur, je n'ai pas le cœur fier ni le regard ambitieux ; je ne poursuis ni grands desseins, ni merveilles qui me dépassent. Non, mais je tiens mon âme égale et silencieuse ; mon âme est en moi comme un enfant, comme un petit enfant contre sa mère. Attends le Seigneur, Israël, maintenant et à jamais.

Psaume 130

Toute notre éducation consiste à nous conduire au-delà, à l'extérieur (c'est l'étymologie du mot : *e-ducare*) de nos ignorances, de nos pulsions, de notre animalité pour nous faire acquérir des codes, des savoirs, des manières d'être, des politesses qui permettront de dire : Il est bien élevé ! Et cet effort est nécessaire. Comment penser le contraire ?

Pourtant, nous savons tous qu'être bien élevé ne suffit pas. Il peut exister, au cœur de cette « éducation » bien des failles, bien des silences qui empêchent le bonheur et sèment la confusion entre les personnes. Il peut se faire que l'éducation n'ait pas de prise sur notre être tout entier. Nous sommes souvent dans une société du spectacle. Nous avons une idée de ce qui devrait être et dont nous donnons l'image, et qui n'est pas. Et nous en sommes frustrés. Nous avons une image de la société, mais nous ne faisons pas société. Nous sommes capables de commenter mais pas toujours de rencontrer. Nous avons une image de nos proches et nous les jugeons par rapport à cette image, à cet idéal – souvent inspiré de nos parents – et nous ne pouvons pas les voir comme ils sont.

Nous avons une image de nous-mêmes et nous nous trouvons moches, mauvais, insupportables.

Confusément, nous sentons qu'il faudrait rassembler toute notre vie pour lui donner sens, mais nous ne savons pas faire. Cette aspiration nous fait avancer, certes, mais elle nous éloigne sans cesse de la réalité et augmente notre frustration. Nous attendons un autre monde alors que, souvent, il suffirait de s'ouvrir à celui-ci, à ce qu'il est, à ce que nous sommes, à ce que sont nos proches pour découvrir dans la vie quotidienne les traces de cet autre monde que nous attendons.

Le secret de Paul : le Christ

Comment vivre ensemble et faire que cela dure ? Comment bâtir une communauté qui rende heureux ? Saint Paul a son secret. Il le livre alors qu'il est prisonnier à Éphèse (en 54-55 ?). Il a fondé quelque temps plus tôt, la communauté de Philippe, à moins de cinq cents kilomètres de là. Il aime cette communauté qui est un peu « son bébé », comme on dit aujourd'hui. Et pourtant, cette communauté connaît des dissensions, des conflits. C'est banal. Qui d'entre nous n'a jamais fait l'expérience de la violence ? Paul intervient en faveur de la paix à Philippe avec une argumentation simple qui, semble-t-il, dans des cas analogues, doit valoir encore aujourd'hui. Il y met tout son cœur, toute sa persuasion, toute son affectivité.

Mettez un comble à ma joie (Ph 2,2). La joie à son comble, pour lui, est celle du Paradis. Elle est la découverte dans le quotidien du bonheur définitif. L'entente des chrétiens serait un signe, une préfiguration du Paradis. Et, pour lui, cette entente ne peut venir que de l'amour créateur du Père, de la mort et de la résurrection du Christ, et de l'Esprit qui rassemble les chrétiens.

> *S'il est vrai que, dans le Christ, on se réconforte les uns les autres, si l'on s'encourage dans l'amour, si l'on est en communion dans l'Esprit, si l'on a de la tendresse et de la pitié.*
>
> *Ph 2,1*

Jusque-là, l'exhortation ressemble beaucoup à celle que nous sommes tentés de faire ! Mais Paul va beaucoup plus loin : *Ayez entre vous les dispositions que l'on doit avoir dans le Christ Jésus* (Ph 2,5).

Nous sommes, nous chrétiens, dans le Christ. En lui. Incorporés à lui. Et il convient d'agir en conformité avec ce que nous sommes. En utilisant, sans doute, une hymne ancienne – sans doute le plus ancien cantique, la plus ancienne profession de foi chantée par les chrétiens – Paul va dévoiler ce que nous sommes en réalité, ce qui est notre vérité, puisque nous sommes en Christ. En décrivant ce que l'on pourrait appeler la carrière du Christ, il décrit ce qui peut nous faire passer de l'image à la ressemblance ! *Lui qui était dans la condition de Dieu, il n'a pas jugé bon de revendiquer son droit d'être traité à l'égal de Dieu* (Ph 2,6).

Il est important de noter que le sujet pour les trois versets (6-7-8), c'est le Christ Jésus. Il est un être libre, totalement libre et choisit ce que j'ai appelé familièrement sa carrière. L'insistance sur cette liberté est essentielle !

Les traducteurs sont gênés pour aboutir à l'expression la « condition divine ». On pourrait préférer : lui qui était dans « la forme de Dieu », à condition de se souvenir que, pour un juif, la forme, l'extérieur révèle l'être profond (Jésus, pour dire qu'il se donne, dit : *Ceci est mon corps*). Les difficultés continuent pour les traducteurs, et là où l'on traduit : *Il n'a pas jugé bon de revendiquer son droit*, Chouraqui préfère : *n'a pas estimé un butin le fait d'être égal à Elohim*. Le mot difficile à traduire (il n'est pas utilisé ailleurs dans la Bible) est le mot qui a donné en français « Harpagon », celui qui retient jalousement, celui qui s'enferme sur son avoir, celui qui ne se sert pas de ce qu'il possède pour le donner. Certes, Jésus est de condition divine. Il en a conscience. Il veut agir en conséquence. Mais il ne s'enferme pas sur ses titres, sa connaissance, son droit. Il ne les méprise pas. Il ne les impose pas non plus.

> *Ayez en vous les sentiments que l'on doit avoir en Christ Jésus.*
> *Mais au contraire, il se dépouilla lui-même en prenant la condition de serviteur. Devenu semblable aux hommes et reconnu comme un homme à son comportement.*
>
> *Ph 2,7*

Le sujet du verbe est toujours le Christ : Il utilise sa liberté de Dieu pour faire ce qui est décrit dans ce verset. Et ce qui est décrit, c'est la volonté de se vider de toute sa gloire pour, dans sa liberté, prendre la condition d'esclave. Il me semble évident que le mot serviteur ici employé par les traducteurs rappelle aux chrétiens le Serviteur de Yahvé d'Isaïe. Mais cette traduction est malheureuse car elle gomme l'antagonisme entre liberté et esclavage, alors que, de plus, il ne semble pas qu'il y ait ici une allusion aux poèmes du Serviteur.

Jésus se manifeste dans son être comme un esclave (on parle ici de la forme d'esclave comme on parlait plus haut de la forme de Dieu) et il est identique aux esclaves en tout, jusqu'à leur ressembler jusque dans l'évolution de sa vie (le mot comportement pourrait se traduire aspect et implique le changement), alors qu'il est Dieu et donc non sujet au changement.

On peut se demander à quel esclavage Paul fait allusion. Il me semble qu'il fait allusion à la condition humaine. Il nous est difficile aujourd'hui d'imaginer la condition humaine des contemporains du Christ : pauvreté sinon misère, insécurité, insalubrité, mortalité infantile, mortalité des femmes en couches, violence, handicaps, souffrance sans médicaments, maux difficiles à guérir.

Certes, beaucoup de choses ont évolué. Dieu merci. Mais la condition humaine demeure. Avec la mort et la souffrance. Avec son ambiguïté toujours présente. L'homme est une conscience qui réfléchit à partir de son monde, de son corps et qui peut dépasser par la pensée ses contraintes, mais qui n'en est jamais libéré. Même dans la pensée qui se croit la plus pure, il existe un attachement, un secret obscur. Jésus a choisi de vivre cette obscurité. Il n'a pas voulu échapper à la souffrance, ni psychique, ni physique et a accepté de vivre dans l'instant (quel qu'il soit) la liberté que donne l'Esprit.

Nous sommes là au cœur du mystère du Christ et donc du chrétien : il manifeste Dieu en vivant sans faux-semblant les contraintes humaines, sans fuir ni rêver.

Insistons encore un peu. Jésus est un homme semblable à tous les hommes. Obéissant à la nature humaine comme chacun. Vulnérable comme chacun. Vulnérable, cela veut dire, étymologiquement, que l'on peut blesser, casser. C'est ce qui va se passer. Il va être blessé, tué. Mais il ne faut pas parler de cela trop vite car nous risquons de sauter une étape. Devenir homme, femme, adulte, c'est savoir que nous sommes psychologiquement vulnérables, physiquement vulnérables.

Il me semble évident que nos ancêtres avaient moins peur du froid, de la souffrance, de la fatigue, que nous. Ils ne connaissaient ni l'électricité, ni les médicaments de confort. Et, d'une certaine manière, avaient intériorisé leur vulnérabilité et semblaient accepter davantage la mort.

Nous sommes devenus plus vulnérables, pour le physique mais aussi pour le moral. Plus sensibles à tout. Plus facilement blessés. Et, sans doute, à cause de cela plus « humains ». Sans doute ainsi plus proches du Christ. Comme tout homme, le Christ a besoin des autres hommes pour être lui-même. Il a besoin de relations véritables où chacun accepte d'être le plus vrai possible.

Beaucoup, aujourd'hui, affirment que, pour chacun, l'acceptation de sa vulnérabilité est la clef d'une relation vraie. Qui accepte sa vulnérabilité accepte de ne pas étouffer en lui les émotions, les réactions, les peurs. Il ose ressentir, ose se respecter dans son humanité. Il ose se regarder soi-même sans lunettes déformantes. Et, sachant sa vulnérabilité, il est prêt à comprendre celle de l'autre. Il est prêt à regarder l'autre à hauteur de visage, de visage à visage.

Jésus, obéissant à sa propre nature humaine, accepte ses limites, accepte de ne pas pouvoir définir ce qu'il est vraiment (il est davantage capable de se situer par rapport au Père) et, dans cette vulnérabilité acceptée, il ressent chez l'autre toute ouverture comme toute fermeture. Il aime les blessés de la vie parce qu'il assume la vulnérabilité de sa propre vie. Il dénonce l'attitude pharisaïque parce que, dans sa sensibilité et son besoin de l'autre, il éprouve le refus de la relation.

> *Ayez en vous les sentiments qui furent en Christ Jésus !*
> *Il s'est abaissé lui-même en devenant obéissant jusqu'à mourir, et à mourir sur une croix.*
>
> *Ph 2,8*

Libre dans son choix de vivre la condition humaine, Jésus, librement, se soumet à la mort parce que telle est la condition humaine, telle est notre condition. Paul met en relief ici un élément essentiel de la Révélation : Jésus révèle un Dieu « obéissant ». On pourrait traduire « écoutant ». Dans l'Écriture, chaque fois que nous lisons « obéissant », « écoutant », il faut comprendre « faisant confiance ». Il est intéressant, pour notre gouverne, de savoir à qui il obéit. Beaucoup disent : il obéit au Père.

> *En effet, de même que tous sont devenus pécheurs parce qu'un seul homme a désobéi, de même tous deviendront justes parce qu'un seul homme a obéi.*
>
> *Rm 5,19*

Dans l'épître aux Romains, le premier réflexe est de lire le texte en comparant Jésus à Adam et en pensant clairement qu'il s'agit d'une obéissance au Père. Or, ce sens n'est pas si évident que cela. Probable dans le reste de l'épître aux Romains, cela me semble douteux ici (sauf si on le prend dans un sens large : Jésus a toujours voulu faire la volonté du Père) : ici, le texte est mis en tension entre la liberté divine et la condition d'esclave de l'homme. Jésus « obéit » à sa condition. Il ne demande pas de miracle. Il ne demande pas une légion d'anges. Il obéit à cet ordre intérieur qu'il s'est donné à lui-même d'être totalement solidaire de l'humanité jusque dans la mort.

Beaucoup d'hommes et de femmes « obéissent » à la loi du travail, à celle de leur conjoint pour ne pas avoir d'ennuis, à leurs peurs ou à leurs ambitions, à leurs addictions quelles qu'elles soient, quelquefois à leur souffrance au point de s'y enfermer. Jésus, lui, obéit à sa volonté de solidarité totale.

N'oublions pas que Paul veut nous inciter à l'amour fraternel, en ayant les sentiments qu'il convient d'avoir puisque nous sommes en Christ.

Pour des questions de rythmique qui me dépassent, certains pensent que le cantique utilisé par Paul ne comportait pas *à la mort sur la Croix* et que ces mots seraient un ajout qu'il aurait fait. Je ne suis pas capable de juger. Il est certain que Paul est fasciné par ce Jésus qui, tout en étant Dieu, a librement consenti à être traité comme un bandit, littéralement comme un hors-la-loi. Mais cet ajout prend tout son sens, lu en perspective avec le but de la lettre. Pour Paul, la Croix du Christ est ce qui permet à celui qui s'attache totalement au Crucifié d'être totalement libéré du péché, c'est-à-dire d'être capable d'être vrai en disant oui et à Dieu et aux hommes. Être homme et femme de confiance.

> *Nous le savons : l'homme ancien qui est en nous a été fixé à la croix avec lui pour que cet être de péché soit réduit à l'impuissance, et qu'ainsi nous ne soyons plus esclaves du péché. Car celui qui est mort est affranchi du péché. Et si nous sommes passés par la mort avec le Christ, nous croyons que nous vivrons aussi avec lui. Nous le savons en effet : ressuscité d'entre les morts, le Christ ne meurt plus ; sur lui la mort n'a plus aucun pouvoir. Car lui qui est mort, c'est au péché qu'il est mort une fois pour toutes ; lui qui est vivant, c'est pour Dieu qu'il est vivant. De même vous aussi : pensez que vous êtes morts au péché, et vivants pour Dieu en Jésus Christ.*
>
> *Rm 6,6-7 ; 6-11*

Être ce que l'on est, sans fuir notre condition humaine, notre faiblesse, nos limites, sans faire semblant, sans jouer des autres… Mais aussi, en découvrant la formidable liberté que l'on éprouve lorsque, sauvés du péché, on accepte une solidarité réelle (je ne dis pas béate ; Jésus a su dire des oui et des non) avec nos frères.

> *C'est pourquoi Dieu l'a élevé au-dessus de tout ; il lui a conféré le Nom qui surpasse tous les noms, afin qu'au Nom de Jésus, aux cieux, sur terre et dans l'abîme, tout être vivant tombe à genoux, et que toute langue proclame : « Jésus Christ est le Seigneur », pour la gloire de Dieu le Père.*
>
> *Ph 2,9-11*

Le sujet du verbe est différent de celui du début du texte. Maintenant, il ne s'agit plus du Fils, mais du Père. Le Fils agit librement. Le Père agit librement. Et son action est décrite en suivant le protocole de l'intronisation des rois orientaux, en trois temps, le temps de la présentation, celui de la proclamation et, enfin, celui de l'acclamation.

La présentation se fait par élévation du futur roi : on fait monter « l'élu » sur un podium. En saint Jean, l'élévation est souvent celle de la Croix : *Et moi, quand j'aurai été élevé de terre, j'attirerai à moi tous les hommes* (Jn 12,32). Mais ici, le mot n'est pas celui employé par saint Jean, et on peut penser à la Résurrection ou à l'Ascension. En tout cas, il est clair qu'il s'agit d'une grâce en provenance du Père.

Le nom attribué est celui de *Kurios*, Seigneur, qui fait antithèse avec le mot esclave. Ce nom, réservé à Dieu, va permettre une profession de foi extraordinaire. Aujourd'hui, nous sommes capables de parler de Trinité (une unité de Dieu en trois personnes), mais, à l'époque, cette profession de foi était inouïe. Les mots n'avaient pas encore été trouvés pour l'exprimer de manière synthétique. Le texte affirme que Jésus est Dieu – qu'il en porte le nom – et qu'il faut se comporter devant lui comme devant Dieu. Et lorsque je dis « il faut » je peux sembler restreindre ce qui est dit. C'est tout l'univers, dans les trois dimensions reconnues à l'époque, qui doit reconnaître la seigneurie universelle du Christ.

Paul n'abandonne pas son propos. Il nous demande d'intérioriser ce que pense le Christ. Et ce que pense le Christ, c'est de rassembler tout l'univers – pas seulement les amis, les chrétiens, les concitoyens, l'humanité – mais vraiment tout l'univers, autour de Lui, pour la gloire du Père. La solidarité doit déborder !

Est-ce bien nécessaire ? Au fond, cette vision n'est-elle pas trop vaste ? Dispersante ? Elle le serait certainement si quelqu'un prétendait aimer, s'ouvrir concrètement à chaque créature de l'univers. Ceci serait inhumain, prométhéen. Pas chrétien ! Ce serait une manière d'échapper à la condition humaine.

Mais le Christ, tout Dieu qu'il soit, n'a pas voulu, dans sa condition humaine, guérir tous les malades, faire marcher tous les boiteux. Il a « simplement » accepté de sortir de chez lui et, en rencontrant ceux qui se présentaient à lui, en se rendant proche de ceux qui, à côté de lui, en avaient besoin, il a montré les chemins de l'universalité. Ce n'était pas l'homme des catégories préétablies.

Les tentations du Christ

Ayez en vous les sentiments qui furent ceux du Christ Jésus. Il a accepté d'être homme, sans jouer à être Dieu, sans arrogance, avec sa vulnérabilité, mais aussi sans jouer les victimes ; avec le besoin de rencontrer les autres en se faisant reconnaître pour qui il est. Sans plus, sans moins.

Comment a-t-il vécu cela ? Je trouve toujours intéressant de méditer le récit de l'épreuve (des tentations) du Christ, pour essayer de comprendre sa démarche (Mt 4,1-11). Beaucoup de Pères de l'Église ont vu dans le récit des tentations, placé au début de la vie publique, les tentations qui l'ont assailli tout au long de sa vie.

Au baptême, le Père s'était fait entendre : *Celui-ci est mon Fils bien-aimé…* Par deux fois, le tentateur va lui dire : *Si tu es le Fils de Dieu…* Le tentateur inverse le sens de la déclaration du baptême : « Regardez cet homme : c'est bien un homme, eh bien Il est mon Fils, dit Dieu le Père. » Et Satan, lui, dit : « Puisque tu es le Fils, oublie ton humanité… »

Le contenu de la tentation est vraiment très tentant pour quelqu'un qui se veut solidaire des hommes : trouver du pain en abondance (aussi abondant que les pierres du désert), bouleverser l'ordre politique pour imposer la justice, donner dans le merveilleux pour faire rêver les foules.

Ces tentations sont comme un décalque merveilleux de ce que Jésus se donne comme programme : il veut nourrir le peuple, rétablir la justice, donner l'espérance, mais il le veut en respectant l'humanité. Il ne chasse pas la tentation en renonçant à son programme. Il veut accomplir le programme dans son humanité. Et, pour cela, il a recours à l'Écriture. Il ne s'agit pas de recettes, ni de phrases arrachées à leur contexte. Mais de sens profond. Il médite l'aventure de son Peuple au désert, aventure que relate le livre du Deutéronome, et relie (relit) cette histoire à la sienne. Il ne la cite pas mais on sent qu'il commente la phrase clef du Deutéronome.

> *Souviens-toi de la longue marche que tu as faite pendant quarante années dans le désert ; le Seigneur ton Dieu te l'a imposée pour te faire connaître la pauvreté ; il voulait t'éprouver et savoir ce que tu as dans le cœur : est-ce que tu allais garder ses commandements, oui ou non ?*
>
> *Dt 8,12*

Vas-tu trahir ou non ? Dans ton épreuve, vas-tu abandonner ta confiance et mettre Dieu à l'épreuve ? C'est la question de chaque homme, de chaque femme. Dans sa vulnérabilité, le Christ a fait confiance. Et cette confiance est un signe divin.

Questions

- Quelle est votre vision du bonheur ? Quelles sont les difficultés que vous rencontrez sur le chemin du bonheur ?

- Pensez-vous que les Béatitudes soient un vrai chemin de bonheur pour vous ? Pourquoi ?

- Quelle est votre pauvreté ? Quelles sont vos tentations ? Que disent-elles de vous ?

- Êtes-vous jaloux ? À propos de quoi ? De qui ?

- Quelle place a la confiance dans votre vie ? Vous sentez-vous peu, assez, trop confiant ?

- L'ambition vous semble-t-elle mauvaise ? Que faut-il ambitionner ? Comment vivre ses ambitions ?

Oser aimer

Seigneur, tu as voulu te déclarer mon ami (Jn 15,15).
Tu as voulu être l'ami de chaque homme et de chaque femme,
Comment comprendre cette amitié pour nous ?
Quel mystère ! Quelle joie !

Laisse-moi t'adorer pour ton amitié puisée à la source du Père,
Laisse-moi te dire merci,
Laisse-moi te dire que je n'en suis pas digne.
Et donne-moi ton Esprit pour aimer comme tu aimes
Simplement.
En toute vérité.

Être à l'image et à la ressemblance du Fils, c'est découvrir ce que veut dire aimer ! Et ceci est un don de l'Esprit ! Ce chapitre s'appuira sur 1 Jn 4,7-15, que je vous invite à relire.

Dieu est amour. Saint Jean est lapidaire. C'est une habitude ! Ailleurs, il affirme que *Dieu est Esprit* (Jn 4,24), ou *Dieu est lumière* (1 Jn 1,5). Simple à dire, difficile à comprendre : que savons-nous vraiment de l'amour ? Nous rêvons d'amour, mais à quoi rêvons-nous vraiment ? Tous les chrétiens le disent : le christianisme est une religion de l'amour ; mais savent-ils ce qu'ils affirment en disant cela ?

Aussi paradoxal que cela puisse sembler, l'amour est une découverte récente. Les Grecs parlaient d'amitié, d'amitié paternelle, d'amitié filiale, là où nous parlons volontiers d'amour. Le mot qu'ils emploient pour désigner l'amitié, *philia,* est souvent, au départ, comme un pronom possessif. On parle de *philia* à propos d'une femme, non parce qu'elle est aimée, mais parce qu'elle fait dorénavant partie de la famille, de la tribu. Et le lien juridique implique de s'en occuper et d'accomplir ce qui est nécessaire pour son bien.

La signification de ce mot est partie du juridique pour arriver à l'affectif.

Platon ne croit pas vraiment à l'amitié...

> *Nos amis, qui est-ce, d'après toi ? Sont-ce ceux que chacun tient soi-même pour être des gens bien, ou bien ceux qui le sont en effet (quand bien même ils ne seraient pas tenus pour tels) ?*
>
> *La République*, livre 1 334, traduction Robin

Platon, en fait, fait remarquer que l'amitié se lit dans un contexte social qui peut empêcher de voir véritablement ce qui est bon pour soi. L'amitié se sert d'un dynamisme vers l'absolu et le détourne. L'amitié peut empêcher de voir la justice et favorise l'esprit de clan, le favoritisme, le népotisme, et peut même aller vers ce qui nuit à l'intérêt bien compris. Aristote, lui, au contraire, croit à l'amitié. Pour lui, alors qu'il est impossible de se connaître soi-même si on demeure seul, l'ami ouvre à la connaissance de soi : *L'homme qui se suffit à lui-même a besoin de l'amitié pour se connaître lui-même* (*La grande morale*, II, 15, 1219 à 2026). Platon pensait l'amitié sur fond de manque et de désir qui cherche à combler ce manque. Au contraire, Aristote voit l'amitié sur fond de communauté d'échange et de partage. Il peut arriver que la littérature française parle de l'amitié – nous connaissons celle de Montaigne pour La Boétie. Mais elle est souvent sceptique !

> *Ce que les hommes ont nommé amitié n'est qu'une société, qu'un ménagement réciproque d'intérêts et qu'un échange de*

bons offices ; ce n'est enfin qu'un commerce où l'amour-propre se propose toujours quelque chose à gagner.

La Rochefoucauld, *Maximes*, 83

Je n'insiste pas… Simplement nos anciens ne croyaient pas à l'amitié et à l'amour comme nous y croyons aujourd'hui. Évidemment, je ne veux pas nier l'existence de grandes amitiés et de grands amours dans l'histoire de l'humanité, mais je pense que l'amitié et l'amour n'avaient pas, dans la société d'hier, la même place qu'aujourd'hui. Il existait des passions. Il existait des compagnons. Il existait des mariages où l'on découvrait l'affection. Il n'y avait que très peu de mariages d'amour.

L'amour est une idée neuve… Si j'osais, j'écrirais que c'est l'Évangile qui l'a démocratisée. À vrai dire, pour exprimer cette idée neuve, il a employé un mot, *agapè*, qui n'était guère employé chez les Grecs. Et, sans doute, faut-il aborder saint Jean parlant d'amour, avec étonnement. Oui, l'amour est une idée chrétienne !

Si vous voulez ressembler à Dieu, vous qui avez été créés à son image, imitez votre modèle. Vous êtes chrétiens et ce nom signifie ami des hommes : imitez l'amour du Christ.
Imitons la pastorale du Maître. Penchons-nous sur les Évangiles : comme dans un miroir, découvrons-y l'idéal de la sollicitude et de la bonté.
J'y vois en effet, dans les paraboles, dans les propos imagés, le berger de cent brebis. L'une d'entre elles s'est séparée du troupeau et s'est égarée. Le berger ne resta pas avec celles qui demeuraient en bon ordre et sur le droit chemin. Il bondit à la recherche de l'égarée, franchit nombre de gorges et de

précipices, gravit des sommets rocheux, affronta courageusement les déserts, jusqu'à ce qu'il l'eût trouvée.
L'ayant trouvée, sans la frapper ni la pousser violemment pour la ramener au troupeau, il la mit sur son cou, la porta avec douceur et la fit revenir parmi ses compagnes, plus joyeux pour celle-ci que pour la foule des autres.

Saint Astère, évêque d'Amasée,
Homélie sur la conversion

L'amour demeure en nous

Découvrir en soi une capacité d'aimer! Certains le font naturellement. Certains croient le faire. Certains se découvrent handicapés de l'amour.

Quoi qu'il en soit, nous sommes tous habités par deux réflexes puissants. Le premier consiste à nous protéger de toutes sortes de manières des autres : l'ironie, le silence, le bavardage, la colère, la fuite, le mensonge, la passivité, la violence – j'en passe, et de moins bonnes – peuvent nous permettre de ne pas rencontrer l'autre. Ceci évidemment conduit à se servir de tout ce qui est possible pour établir des distances ou durcir la carapace : utilisation des lois, de l'argent, etc. L'autre réflexe est celui de la jouissance et de la promotion de soi : les armes peuvent être les mêmes, mais le but n'est pas de se soustraire aux autres, mais de s'imposer aux autres. Évidemment, nous avons tous, en nous, une capacité à équilibrer défense et attaque, repli sur soi et nécessaire ouverture pour s'imposer. Évidemment aussi, la société sait jouer de nos réflexes pour s'organiser. D'un côté, elle prône la sécurité ; de l'autre, elle offre des avantages (fiscaux, par exemple) pour que chacun en vienne à servir le bien commun. Il est toujours bon de faire le point sur ce qui nous anime humainement. Mais cela ne suffit pas.

La Révélation nous apprend que Dieu a placé en nous de l'amour. Du sens de la gratuité et du don. Le texte de saint Jean est formel : Dieu nous a donné son Esprit (verset 13). Il nous a aimés le premier. Dieu demeure en nous, et son amour, en nous, est accompli (verset 12).

Le chrétien, sauf vocation exceptionnelle, ne découvre pas que l'amour habite en lui du jour au lendemain. Il lui faut se remémorer l'histoire de sa découverte de l'amitié et de l'amour. Il lui faut d'abord prendre conscience d'être aimé et de ne pas avoir besoin de défendre je ne sais quel pré carré pour être lui-même. Cette découverte, le chrétien n'est pas le seul à la faire, mais il est souvent le seul à la continuer après les différentes désillusions de la vie courante.

En fait, la plupart des humains découvrent l'amitié, l'amour, d'abord auprès de leurs parents, même si l'histoire humaine est quelquefois telle qu'un des parents n'est pas là ou qu'il est gravement défectueux ! De toute façon, le plus souvent, on finit par trouver quelques défauts à ses parents ! Et même s'ils n'en ont (presque) pas... Il arrive un temps où chacun sent qu'il convient de prendre de la distance avec eux pour découvrir sa propre liberté. Leur amour est, en tout cas, essentiel, mais, peut-être, quelquefois trop prégnant pour être perçu comme soutenant notre originalité.

L'amitié se découvre souvent pour la première fois – surtout chez les enfants uniques – vers dix ou onze ans : parmi les enfants des amis des parents, en classe ou dans un club, une autre personne du même âge devient, on ne sait pourquoi, l'ami de cœur, le meilleur copain : c'est souvent le vrai moment de la découverte de l'amitié. À cette première amitié vient s'en ajouter d'autres et un groupe se forme… Cela est probablement nécessaire car, si les frères et sœurs demeurent et peuvent être rejoints après une longue séparation, une amitié peut facilement se perdre.

Mais beaucoup demeurent. L'amitié est humaine. Vivante. Une pierre demeure, elle aussi. Mais elle est morte. L'amitié demeure, mais nous savons tous que le tissu de l'amitié est fragile. Parce qu'elle est vivante, il se tisse lentement et peut se rompre brusquement ou graduellement, par exemple quand l'intérêt s'en mêle, quand la politique s'en mêle, quand l'idéologie s'en mêle, quand d'autres amitiés s'en mêlent. Alors, quelquefois, rompre veut dire rompre avec soi-même. Et l'amitié trépassée pose des questions : est-ce ma faute ? Ai-je fait ce qui aurait dû être possible de faire ? Ai-je tout fait ? Suis-je vraiment mauvais ? Questions vaines.

> *Je suis la risée de mes adversaires et même de mes voisins, je fais peur à mes amis (s'ils me voient dans la rue, ils me fuient). On m'ignore comme un mort oublié, comme une chose qu'on jette. J'entends les calomnies de la foule : de tous côtés c'est l'épouvante. Ils ont tenu conseil contre moi, ils s'accordent pour m'ôter la vie.*
>
> *Ps 30,12-14*

Même lorsqu'on est revenu de tout, nous croyons que l'amour de Dieu demeure en nous. Même lorsque nous avons trahi, ou que nous avons été trahis, l'amour de Dieu demeure en nous. Même lorsque notre amitié est si fragile qu'elle est faite de plus de silence que de partage, l'amour de Dieu demeure en nous.

Dieu nous aime. Nous n'avons pas besoin de faire semblant pour mériter son amour. Nous avons seulement besoin de réécouter sa Parole pour être sûrs, quoi qu'il arrive, que nous sommes aimés. À vrai dire, cette connaissance de Dieu, cette naissance où Dieu coopère avec nous pour nous faire découvrir notre capacité d'aimer devient effective dans la rencontre avec les autres.

Rencontrer ses frères

Être sûr d'être aimé est essentiel, même si, paradoxalement, cela peut être dangereux pour celui (ou celle) qui garde son réflexe de puissance sur l'autre et de jouissance, et qui se dit en lui-même : après tout, Dieu m'aime, donc, je peux faire ce que je veux, rien ne m'arrivera. La preuve que nous accueillons l'amour de Dieu en nous se trouve dans la soif d'aimer nos frères : l'amour du Christ met sur les routes, comme l'Esprit l'a poussé sur les routes de Palestine.

Dans ses rencontres, il a découvert comment vivre sa vocation. Gratuitement. Sans calcul. Chaque fois qu'il rencontrait quelqu'un, il ne cherchait pas à se situer « au-dessus », ni n'acceptait pas d'être situé « au-dessous » mais il trouvait une relation juste, véritable, car située dans sa vérité comme dans la vérité de son interlocuteur. Et cette vérité l'obligeait à reconnaître que son interlocuteur n'était pas toujours prêt à le suivre. Il ne le reproche à personne. Par contre, il fait quelquefois mal à ceux qui trichent avec leur vérité (les pharisiens) ou qui n'ont pas le courage d'aller jusqu'au bout de ce qu'ils recherchent (le jeune homme riche).

Notre problème est de savoir si nous pouvons imiter le Christ. Jésus est un signe du Royaume. Mais pouvons-nous anticiper ce Royaume sur la terre ? Pouvons-nous briser totalement le réflexe de la méfiance alors qu'il nous semble nécessaire quelquefois de nous défendre, sinon même de nous imposer ? Quand un enfant ne se défend pas dans une cour de récréation, ou ne protège pas ses affaires, que lui disons-nous ?

La question est d'importance. Mais, là encore, elle ne doit pas nous bloquer : nous ne sommes pas encore dans le Royaume, nous sommes en chemin et, sans cesse, Jésus nous donne son Esprit, cet Esprit qui demeure en nous et nous pousse à la confiance. Les saints ont su trouver le chemin de la confiance, mais pas forcément en tout et pour tout, ni du premier coup ! Paul et Barnabé ne se sont pas entendus. Camille de Lellis et Philippe Néri non plus.

Si l'Esprit du Christ est en nous, il pousse à avancer. Pas à pas. Il y a dans l'amour une obstination gratuite à dépasser les situations impossibles. Il y a dans l'amour un réalisme total qui permet de faire la vérité sur ce qui nous différencie de l'autre.

Il y a dans l'amour une riche prise en compte de la personne de l'autre… L'amour exprimé par la vie sexuelle est toujours un rapport avec soi-même par la médiation de l'autre, mais il n'est véritablement amour que lorsque l'autre est considéré comme un sujet. Il y a dans l'amour une connaissance de soi qui sait la fragilité du désir qui conduit à l'autre et qui l'entretient par la parole (la Parole), la tendresse, le pardon.

Bâtir une société fondée sur l'amitié

> *La doctrine sociale de l'Église estime que des relations authentiquement humaines, d'amitié et de socialité, de solidarité et de réciprocité, peuvent également être vécues même au sein de l'activité économique et pas seulement en dehors d'elle ou « après » elle. La sphère économique n'est, par nature, ni éthiquement neutre ni inhumaine et antisociale. Elle appartient à l'activité de l'homme et, justement parce qu'humaine, elle doit être structurée et organisée institutionnellement de façon éthique.*
>
> *Le grand défi qui se présente à nous, qui ressort des problématiques du développement en cette période de mondialisation et qui est rendu encore plus pressant par la crise économique et financière, est celui de montrer, au niveau de la pensée comme des comportements, que non seulement les principes traditionnels de l'éthique sociale, tels que la transparence, l'honnêteté et la responsabilité ne peuvent être négligés ou sous-évalués, mais aussi que dans les relations marchandes le principe de gratuité et la logique du don, comme expression de la fraternité, peuvent et doivent trouver leur place à l'intérieur de l'activité économique normale. C'est une exigence de l'homme de ce temps, mais aussi une exigence de la raison économique elle-même. C'est une exigence conjointe de la charité et de la vérité.*
>
> Benoît XVI, *Caritas in veritate*, 36

Je n'ai pas voulu ici faire une distinction trop nette entre amour et amitié... Évidemment, c'est une erreur à maints égards ! Pour autant, il me semble que l'amitié et l'amour ont en commun de permettre des relations entre personnes volontaires – libres –, relations qui sont d'actualité mais aussi durables. Même s'il y a une interruption, les relations dues à l'amitié peuvent reprendre naturellement. Elles donnent, cela est vrai, un pouvoir à l'autre sur soi, mais un pouvoir qu'il sait ne pas exercer car il sait garder une distance qui marque le respect. L'amitié comme l'amour sait parler, mais aussi ne craint pas le silence.

L'amitié est subversive. Elle a un côté révolutionnaire. Elle critique une société de l'assurance sur tous les risques, elle critique une société-jungle qui n'arrive pas à dépasser la loi du plus fort. La République, en plaçant dans sa devise le mot « fraternité » a voulu limiter – ou plutôt demandé à chacun de limiter – les excès de la liberté à tout prix et les revendications d'égalité sans retenue.

L'amitié est l'expression de l'Alliance : l'Alliance est au centre de la Bible et parle d'une amitié entre Dieu et toute l'humanité. L'Alliance est aventure politique. Elle est à la fois un engagement total, inconditionnel, à Dieu et, en même temps, une sorte de contrat avec une Loi que les prophètes appellent à observer à temps et à contretemps. L'amitié est un modèle politique quand elle exprime cet engagement total, inconditionnel, pour notre société, notre communauté mais que, dans le même temps, elle sait dire (autant qu'elle puisse l'analyser) la vérité des situations, et rappeler l'importance de la justice et du respect.

L'amitié recherche, non à condamner, mais à faire que la justice soit respectée, et que le fautif redécouvre ce que veut dire être juste. La plupart du temps, nous savons pardonner à nos enfants, non pas pour les excuser mais pour qu'ils découvrent le chemin de Dieu et le meilleur d'eux-mêmes. Le pardon est aussi essentiel dans les relations sociales... Notre génération l'a vécu dans les relations franco-allemandes. Elle ne sait pas le vivre encore pour ses prisonniers de droit commun. À écouter les radios au sortir des procès, on a toujours l'impression que la justice consiste à éliminer le fautif. Je ne dis pas qu'il ne faille pas protéger la société, ni même punir, mais le but de la justice est de permettre à chacun de reprendre une place active et respectée dans la société.

L'amitié a besoin d'espérance. L'ami attend quelque chose de son ami. Une société qui se plaint sans cesse, qui râle, qui maugrée, qui dénigre, qui ne croit pas à l'avenir est une société invivable. L'amitié est absolument nécessaire, même dans les circonstances les plus difficiles, même à l'égard de ce que nous pensons être les plus loin de nos manières de voir pour continuer à parler, à exprimer notre avis, à faire réfléchir en pensant que cela peut servir à quelque chose. À l'évidence, parler c'est prendre le risque de permettre à ceux que nous pensons être nos adversaires de nous contredire, mais ce dialogue est la base de la démocratie et de la vie chrétienne. Même Jésus a changé d'avis devant la Syro-Phénicienne.

L'amitié répond aux situations d'une manière appropriée : à certains moments, il est possible d'agir et de voir ce qu'il est possible de faire. Il arrive qu'une sollicitation – on ne sait pas très bien pourquoi – entraîne une action, alors que d'autres sollicitations, qui peuvent sembler raisonnables, laissent quasi indifférent... Certes, il peut arriver que l'on se trouve devant des impératifs absolus, et l'Église peut y appeler, comme, aussi, le reste de la société (par exemple, en cas de catastrophes), mais, la plupart du temps, une société d'amitié est une société qui suscite de l'intérieur de chacun le désir de répondre aux provocations de l'actualité.

L'amitié n'est pas volontariste. Elle ne serre pas les dents en disant : il faut le faire. Cela peut arriver, mais pas longtemps. Mais, par contre, l'amitié prend du temps pour connaître, s'imbiber, écouter, écouter les autres (dans le domaine politique, lire le journal, se renseigner sur le net), prier, se laisser prendre par cette Parole lue, échangée, en couple ou en groupe, méditée qui, tôt ou tard, suggère de ne pas avoir peur, de faire confiance et de s'engager.

L'Écriture fait entendre une Parole qui libère des peurs et des intérêts égoïstes et appelle à ne pas faire acception des personnes : si les pauvres, les enfants, les ennemis y ont une place particulière, c'est que, dans la logique de nos réflexes, ils ne peuvent rien rapporter. L'amitié qui va jusqu'à eux est le signe de la présence de l'amour dans un cœur.

Notre société aime l'amour et l'amitié. Mais elle est, sans cesse, tentée de croire qu'ils sont presque impossibles à vivre dans le temps. Elle cherche. La vie chrétienne ne consiste pas à chanter l'amour, l'amour dans tous les registres. Elle invite à s'occuper suffisamment de soi pour être soi-même, et suffisamment peu de soi pour être disponible aux autres.

Elle engage dans ce travail qui libère pour l'autre. Elle sait qu'il est lent, qu'il est quelquefois chaotique. Mais elle affirme que l'amour est possible et que Dieu l'a mis, ou, plutôt, que Dieu s'est placé, lui qui est amour, au cœur de chaque baptisé. Pour qu'il grandisse en lui jusqu'à la parfaite ressemblance.

Questions

- Quelle est la place de l'amitié dans la vie chrétienne. Est-ce facile à vivre aujourd'hui ? Pourquoi ?

- Peut-on être ami avec des personnes qui vous commandent ? Et des personnes dont on est responsable ?

- Dans la vie d'aujourd'hui, que veut dire « aimer ses ennemis » ? Est-ce possible dans la vie de voisinage, la vie familiale, la vie politique, la vie ecclésiale ? Quelle est la place du pardon dans l'amitié ?

- Quelle est la place de la vérité dans la relation entre amis ? Est-elle toujours possible ? À quelle condition ? L'Évangile peut-il donner des pistes de réflexion ?

- Avons-nous le droit de nous laisser dominer ? Cela a-t-il un sens pour un chrétien ? Lequel ?

- Quelle est la place de la gratuité dans la vie chrétienne ?

Oser être libre

L'Esprit Saint qui nous est donné fait de nous tous des fils de Dieu
Appelés à la liberté, glorifions Dieu par notre vie.
Nés de l'amour de notre Dieu,
Fils de lumière, sel de la terre,
Ferments d'amour et cœur du monde
Par la puissance de l'Esprit.
L'Esprit Saint qui nous est donné fait de nous tous des fils de Dieu
Appelés à la liberté, glorifions Dieu par notre vie.
À son image il nous a faits,
Pour nous aimer comme il nous aime.
Sa ressemblance reste gravée
Au fond des cœurs de ceux qui aiment.
L'Esprit Saint qui nous est donné fait de nous tous des fils de Dieu
Appelés à la liberté, glorifions Dieu par notre vie.

G. de Boullay

Celui qui a créé l'homme pour le faire participer à sa propre plénitude a disposé sa nature de manière qu'elle contienne le principe de tout ce qui est beau et que chacune de ses dispositions le porte à désirer l'attribut divin correspondant. Ainsi, celui-là ne pouvait pas l'avoir privé du plus beau et du plus précieux de ses attributs, la capacité de se déterminer soi-même, la liberté.

Grégoire de Nysse, *Grande catéchèse*, 5

L'homme est libre depuis le commencement. Car Dieu est liberté, et c'est à la ressemblance de Dieu que l'homme a été fait.

Saint Irénée de Lyon, *Contre les hérésies*

L'homme est libre, à l'image de Dieu ! Je suis libre comme Dieu ! Cette affirmation étonne souvent. Il est vrai que le monde moderne a voulu se construire en libérant l'homme et la femme de ce qu'il pensait être le carcan de la « nature », de l'Église et des traditions. Rien, à ses yeux, n'est sacré, si ce n'est l'homme. Être moderne, c'est revendiquer pour chacun d'être par lui-même et pour lui-même : *Les hommes naissent et demeurent libres et égaux en droit (Déclaration des droits de l'homme* de 1789). Pour beaucoup, la modernité, c'est la liberté. Pas, sans doute, pour Péguy :

> *Le modernisme consiste à ne pas croire soi-même pour ne pas nier l'adversaire qui ne croit pas non plus. C'est un système de déclinaison mutuelle. La liberté consiste à croire. Et à admettre, et à croire que l'adversaire croit.*
> *Le modernisme est un système de complaisance. La liberté, un système de déférence.*
> *Le modernisme est un système de politesse. La liberté, un système de respect.*
> *Il ne faudrait pas dire les grands mots, mais enfin, le modernisme est un système de lâcheté. La liberté est un système de courage.*
> *Le modernisme est la vertu des gens du monde. La liberté est la vertu du pauvre.*
>
> Charles Péguy, *L'argent*

Mais aujourd'hui, le mot liberté s'est chargé d'autres nuances dans un univers où les cultures, les civilisations se rencontrent, et où chacun exprime son avis. Devant l'inflation des personnes qui prétendent livrer des vérités, chacun est invité à être tolérant vis-à-vis de ceux qui choisissent autrement et à trouver parmi ce « marché » sa propre voie. Chacun doit faire le choix d'être libre. D'inventer un chemin. Sa cohérence. Il est difficile de le faire ! Alors certains agissent comme s'ils disaient : « Mettons-nous ensemble pour défendre ce bout de vérité, mais, demain, nous ferons autre chose. » Je ne tiens pas à perturber ou à me moquer. Je tiens simplement à montrer que le mot liberté a plusieurs harmoniques et que parler de liberté pour le chrétien n'est pas simple si l'on veut être compris.

La liberté chrétienne

Pour nous, le Christ est le modèle de l'homme libre, ni dominateur, ni dominé. Cela peut sembler paradoxal aux non-chrétiens, puisqu'il se situe devant Dieu au moment de mourir en criant : *Non pas ce que je veux, mais ce que tu veux* (Mc 14,36). Sa liberté consiste alors à accepter librement, volontairement, la condition humaine.

Pour nous, Paul, en parfait imitateur du Christ, nous apparaît comme un homme libre, n'hésitant pas à s'appeler *esclave du Christ* pour s'adresser aux esclaves de l'Empereur, pour conduire à « l'obéissance » de la foi (Rm 1,1-5). Mais en lisant Paul, comment ne pas éprouver le sentiment de rencontrer un homme totalement libre ?

Pour Paul, la liberté chrétienne a pour source Jésus Christ : il est le Messie, celui qui accomplit totalement l'attente de ce Peuple qui cherche Dieu. Peut-on parler de liberté tant que l'on ne voit pas se réaliser ce qui est le plus profond de notre recherche ? Mais ce n'est pas tout : Jésus est le Messie ressuscité : il a vaincu la peur de la mort et brisé par là l'esclavage humain né de cette peur et des conséquences de la peur comme le péché. Allons encore plus loin. Le Christ accomplit, en lui, la recherche d'absolu de l'homme : il est parfaitement lui-même ! Cette liberté est plus forte que tous les échecs et que la mort, et il donne à l'homme et à la femme d'y communier, de la faire leur en participant au repas eucharistique.

Cette pensée de Paul lui sert de base pour proclamer la liberté chrétienne. Prenons un exemple. Corinthe est un port. La communauté chrétienne y est petite, mais traversée par les courants et les modes de vie qui tiennent la ville. Bref, la communauté est divisée, des chrétiens ont une conduite douteuse et les questions sexuelles et affectives y empoisonnent la vie. Dans ce contexte que veut dire, pour un chrétien, être libre ?

> *« Tout m'est permis », dit-on, mais tout n'est pas valable. Tout m'est permis, mais je ne me laisserai livrer à aucun pouvoir. Les aliments sont pour le ventre, et le ventre pour les aliments ; et Dieu détruira et ceux-ci et celui-là. Le corps est, non pas pour la débauche, mais pour le Seigneur Jésus, et le Seigneur est pour le corps ; et Dieu, par sa puissance, a ressuscité le Seigneur et nous ressuscitera nous aussi. Ne le savez-vous pas ? Vos corps sont les membres du Christ. Vais-je donc prendre les membres du Christ pour en faire les membres d'une femme de débauche ? Absolument pas. Ne le savez-vous pas ? Quand on s'unit à la débauchée, cela ne fait qu'un seul corps. Car il est dit : « Tous deux ne feront plus qu'un. » Quand on s'unit au Seigneur, cela ne fait qu'un seul esprit.*
>
> *1 Co 6,12-17*

Se libérer de ce qui n'est pas essentiel

Tout m'est permis (1 Co 6,12) : voici la définition de la liberté chrétienne ! Facile à exprimer, cette liberté intérieure est difficile à atteindre ! Le chrétien, à la suite de Paul, est libre par rapport à son milieu. C'est une liberté très difficile à acquérir ! Paul est pharisien, fier de l'être. Il a reçu une forte éducation intellectuelle et spirituelle et il pourrait facilement être considéré comme un représentant de son milieu. En tout cas, il l'aime…

J'affirme ceci dans le Christ, car c'est la vérité, je ne mens pas, et ma conscience m'en rend témoignage dans l'Esprit Saint. J'ai dans le cœur une grande tristesse, une douleur incessante. Pour les Juifs, mes frères de race, je souhaiterais même être maudit, séparé du Christ : ils sont en effet les fils d'Israël, ayant pour eux l'adoption, la gloire, les alliances, la Loi, le culte, les promesses de Dieu ; ils ont les patriarches, et c'est de leur race que le Christ est né, lui qui est au-dessus de tout, Dieu béni éternellement. Amen.

Rm 9,1-5

Malgré la fierté d'appartenir à ce peuple, à ce milieu, à cette élite, il considère ce qui fait la fierté du juif comme de l'ordure (Ph 3,8) lorsqu'il le compare au privilège d'être chrétien ; bien plus, sa liberté chrétienne lui permet de réinterpréter ce qui fait la fierté du juif qu'il est, la Loi.

Le chrétien est libre par rapport à toute loi, celle des hommes et même celle de Dieu : le Christ condamné à mort par la Loi, ressuscite, montrant que la Loi n'a pas le dernier mot et ne doit pas l'avoir. À vrai dire, Paul donne une véritable importance à la Loi, mais cette importance, loin de diminuer sa liberté, l'augmente !

On peut distinguer deux aspects de la Loi : *Tu ne mentiras pas* est à la fois un ordre et une promesse. L'ordre peut être pédagogique et permettre d'apprendre à respecter Dieu et ses frères. Mais l'ordre peut aussi être appliqué sans réflexion, sans vérité de cœur, sans liberté, donc. Or, le Christ est maître de la Loi, maître du sabbat (cf. Mc 2,28). La Loi est faite « pour l'homme », pour grandir la liberté de l'homme. Et c'est là que le deuxième aspect de la Loi est essentiel : la Loi est une Promesse. Empêtré comme tu l'es dans tes contradictions, tu ne te crois pas capable de suivre l'indication qu'elle te donne. Or, tu y arriveras. La présentation de ce qui est le résumé de toute la Loi, ce que nous appelons les Dix Commandements, rappelle que celui qui parle est celui qui a libéré Israël et qui a le pouvoir de libérer l'homme, de le rendre libre !

À vrai dire, la Loi a un autre rôle, pour le juif comme pour le chrétien : elle met en relief l'incapacité de l'homme à agir bien. Mais Paul affirme que le chrétien est libre par rapport à ses contradictions et ses pulsions internes. Cette liberté, c'est la foi seule qui permet d'y parvenir.

La chair, pour Paul (Rm 8,1-3 ; 7,18-21), c'est l'homme dans sa fragilité qui pense se libérer par le respect de la Loi et en faisant des œuvres, de bonnes actions : la chair, c'est le genre de vie gouverné par la fascination de soi par soi. Pour Paul, seule la confiance en Dieu permet de sortir du « Je vais y arriver tout seul » ou du « J'accepte de rester l'être médiocre que je suis ».

Nous pouvons, ici, faire une autre lecture des « tentations » du Christ que celle exprimée plus haut : la chair le tente en réduisant son désir à de la consommation (le pain), à une volonté de pouvoir et à une utilisation magique du religieux. La liberté demande de prendre en compte le besoin du désir d'être soi, d'être pleinement, mais, pour l'homme, cette liberté ne peut pas exister sans lien avec son Créateur : sans ce lien, sans cette foi, l'homme n'est pas lui-même et ne peut donc pas être libre.

Enfin, pour Paul, le chrétien est libre par rapport à la mort : il ne s'agit pas pour lui de nier ce qui s'impose à sa condition humaine. Il est libre face à la mort parce qu'elle n'est plus pour lui un épisode dramatique qui réduit à néant ce qu'il avait été et ce qu'il avait construit : il n'a plus à en avoir peur ! Sa liberté consiste à pouvoir vivre sans angoisse.

> *C'est une chose mystérieuse que je vous annonce : même si nous ne mourons pas tous, nous serons tous transformés, et cela instantanément, en un clin d'œil, quand retentira le signal au dernier jour. Il retentira, en effet, et les morts ressusciteront, impérissables, et nous serons transformés.*
>
> *1 Co 15,51-52*

La liberté donne sens à la vie

La vie a un sens ! La liberté a un sens. Elle ne conduit pas au néant mais à la plénitude !

> *Car ces valeurs de dignité, de communion fraternelle et de liberté, tous ces fruits de notre nature et de notre industrie, que nous aurons propagés sur terre selon le commandement du Seigneur et dans son Esprit, nous les retrouverons plus tard, mais purifiés de toute souillure, illuminés, transfigurés, lorsque le Christ remettra à son Père « un Royaume éternel et universel : Royaume de vérité et de vie, Royaume de sainteté et de grâce, Royaume de justice, d'amour et de paix ». Mystérieusement, le Royaume est déjà présent sur cette terre ; il atteindra sa perfection quand le Seigneur reviendra.*
>
> Vatican II, *Gaudium et spes*, 39. 3

Nous avons l'habitude de dire et de lire ces mots, mais nous n'avons pas l'habitude d'en tirer toutes les conséquences pour la vie actuelle. Le film *Des hommes et des dieux* permet de découvrir la nature même de cette liberté. D'abord, elle n'est pas facile, elle n'est pas béate. Elle est fruit d'un combat intérieur. Ensuite, elle est refus de la vengeance et de la haine : les moines ont peur, mais ils refusent à la peur de les guider et d'être le critère de leur jugement : *Je ne vois pas en effet comment je pourrais me réjouir de ce que ce peuple que j'aime soit indirectement accusé de mon meurtre* (Christian de Chergé, Testament). Cette liberté est une force de résistance contre les lois humaines qu'on veut leur imposer. Ils restent eux-mêmes jusqu'au bout !

La liberté d'expression chrétienne

Il n'existe pas de démocratie sans liberté d'exprimer ses opinions. Non seulement le régime politique invite chacun à dire ce qu'il pense, mais l'Évangile presse le chrétien à se manifester : cette liberté, le chrétien d'aujourd'hui se la refuse souvent et, en cela, il se soumet à une idéologie qui est proprement une maladie, une déformation de la liberté chrétienne. Notre pays, marqué par les guerres de religion, a pris heureusement conscience des millions de morts causées par les guerres du XXe siècle, des drames de la colonisation et, souvent, de la vanité des querelles idéologiques : il ne veut plus (il ne voulait plus) de frontières, de particularisme, de prétention à exprimer des vérités qui doivent s'imposer à tous. Il prône l'égalité au point de refuser les différences et d'abolir la hiérarchie des valeurs.

Sous un emballage de mots brillants, tout se passe comme si cette idéologie égalitaire avait réussi à détruire l'organisation d'une société (qui n'avait pas une valeur absolue) au profit d'une financiarisation de la société : la valeur de bien des choses et des personnes est évaluée en fonction du gain : l'homme devient simplement une marchandise. Notre refus de dire ce que nous avons à dire de peur de heurter l'autre, ou d'être rabroué, notre silence, semble dire : il faut accepter l'autre tel qu'il est, ce n'est pas à nous d'intervenir. Tout se passe comme si nous nous pensions déjà arrivés à la fin des temps, dans la Jérusalem céleste, où il n'y a plus obscurité, ni éclairage, parce que tous voient la lumière de Dieu et sont ainsi dans la vérité.

> *Or, le Seigneur, c'est l'Esprit, et là où l'Esprit du Seigneur est présent, là est la liberté.*
> *Et si la Bonne Nouvelle que nous annonçons reste encore voilée, elle n'est voilée que pour ceux qui vont à leur perte.*
> 2 Co 3,17 ; 4,3

Une autre conviction du monde actuel freine notre liberté d'expression : il serait impossible de s'exprimer réellement, de communiquer durablement. Le théâtre de Beckett le rappelle souvent avec désespoir. Là encore, la liberté dont nous bénéficions aujourd'hui n'est pas celle dont nous bénéficierons dans le Royaume, mais si Dieu s'est fait Parole et a permis que nous entrions dans son mystère, c'est bien pour nous apprendre qu'à son image, nous pouvons parler.

Les marques de la liberté chrétienne

Le chrétien est libre enfin parce qu'il n'est pas seul. Il est uni à l'Église, à l'humanité, au cosmos. J'ai tout à fait conscience d'être paradoxal. La liberté passe pour être un fruit de l'autonomie, mais il n'y a pas d'autonomie sans réelle solidarité : nous ne sommes nous-mêmes qu'en lien avec les autres ! Une mère peut-elle être libre si son enfant est prisonnier ? La liberté peut-elle être symbolisée par les valseurs de Vienne qui, sous les lambris dorés, avec leurs tenues éblouissantes, dansent alors que l'empire austro-hongrois s'écroule ? La liberté a soif de communion ! Elle engendre même la communion ! Les dandys pensaient que la vie d'artiste offrait un modèle à la liberté, mais le dandysme n'offre que la possibilité de vivre à distance de soi. Nous ne sommes libres que lorsque notre singularité s'ouvre sur l'universel.

> *En effet, aucun d'entre nous ne vit pour soi-même, et aucun ne meurt pour soi-même : si nous vivons, nous vivons pour le Seigneur ; si nous mourons, nous mourons pour le Seigneur. Dans notre vie comme dans notre mort, nous appartenons au Seigneur. Car, si le Christ a connu la mort, puis la vie, c'est pour devenir le Seigneur et des morts et des vivants. Alors toi, pourquoi juger ton frère ? Toi, pourquoi mépriser ton frère ? Tous nous comparaîtrons devant le tribunal de Dieu.*
>
> *Rm 14,7-10*

Les conditions de la liberté

Tout m'est permis, mais tout ne convient pas (1 Co 6,12). Comprendre ce qu'est la liberté chrétienne demande de s'unir à la liberté du Christ et à celle des saints et, pour beaucoup d'entre nous, cette liberté est difficile à conquérir. Cela dit, sa règle de base est bien *Tout m'est permis* (on pourrait traduire : « Tout s'offre à moi »). Paul refuse de se laisser entraîner dans une réflexion de permis-défendu. Il ne veut pas réintroduire subrepticement la Loi.

Beaucoup de chrétiens ont du mal à entendre ce message de Paul : par habitude, par culture, par simplification ils attendent que le pape et les évêques parlent de permis-défendu (à propos de la contraception, du préservatif, par exemple) ; alors que, sur d'autres points, ils savent garder une distance critique (sur la justice sociale ou fiscale). Il est donc important d'entendre Paul : *Tout m'est permis, mais tout ne convient pas.* La liberté chrétienne suppose un discernement, une réflexion, une intelligence, souvent une discussion. En Romains 7,22, il emploie des mots qui montrent le cheminement de ce discernement : *je prends plaisir à la Loi de Dieu, mais je me rends compte que, dans mes membres, d'autres forces vont contre mon intelligence.*

Il n'y a pas de liberté sans réflexion ! Cette réflexion s'appuie sur la foi, la certitude totale que l'on peut et doit faire confiance au Seigneur. Certes, chacun est appelé à vivre dans le monde tel qu'il est – nous ne sommes pas encore dans le Royaume –, et il faut nous préoccuper de nos santés, de notre logement, de l'argent, etc. Il faut vivre heureusement, si cela est possible, tout en considérant que le monde dans lequel nous sommes n'est pas le monde définitif.

> *Frères, je dois vous le dire : le temps est limité. Dès lors, que ceux qui ont une femme soient comme s'ils n'avaient pas de*

> *femme, ceux qui pleurent, comme s'ils ne pleuraient pas, ceux qui sont heureux, comme s'ils n'étaient pas heureux, ceux qui font des achats, comme s'ils ne possédaient rien, ceux qui tirent profit de ce monde, comme s'ils n'en profitaient pas. Car ce monde tel que nous le voyons est en train de passer. J'aimerais vous voir libres de tout souci.*
>
> *1 Co 7,29-32*

Il s'agit d'user sans abuser. User avec mesure, modération. L'intelligence conduit enfin à s'interroger sur la communion avec ceux qui nous entourent, avec les autres chrétiens. Un aspect majeur de la liberté chrétienne, nous l'avons dit, c'est de se situer au cœur d'une communauté. À l'évidence, Paul a en tête les multiples prescriptions – commandements des juifs concernant la nourriture, etc. – et cherche à situer la liberté chrétienne par rapport à ces prescriptions : elle est totale, étant sauve la charité. Mais la première personne dont on doive respecter la liberté, c'est soi-même !

La liberté est une résistance

Mais moi, je ne me laisserai asservir par rien (1 Co 6-12). La liberté chrétienne est rupture. Résistance. Refus. Mais pas d'orgueil démesuré ; le général de Gaulle, en exergue de son livre sur l'armée de métier, cite Épictète : *Ne prétends pas changer la nature des choses*. C'est l'humilité du réel qui le fait entrer en résistance : le problème est de savoir ce qu'est le réel ! Ce n'est pas l'économie, ni le juridique, ni l'air du temps. La résistance consiste toujours à s'appuyer sur ce qui est consistant, ce sur quoi on puisse s'appuyer. Pour être libre, le général de Gaulle sut trouver des points d'appui : l'idée de Nation et l'Alliance « atlantique ». Pour un chrétien, la résistance doit s'appuyer sur la nature fondamentale de l'homme et la confiance en Dieu, et se porter contre tout ce qui empêche une véritable liberté… Et un véritable examen de conscience et une véritable intelligence sont nécessaires pour suivre Paul.

Nous entrons ici dans le domaine des exemples (1 Co 6,13-14) : Paul illustre pour faire comprendre. Le premier exemple qu'il nous donne est celui de la nourriture. Certes, à Corinthe, se posait la question de savoir si les chrétiens pouvaient manger des viandes sacrifiées aux idoles sans participer ainsi, indirectement, aux sacrifices aux faux dieux. Il parlera de cette question un peu plus loin (ch. 8). Mais l'allusion à ce problème ici a un but simple : rappeler à son lecteur que cela est secondaire puisque, tôt ou tard, le ventre qui mange et les aliments qui sont mangés seront détruits, décomposés.

Et c'est ce qui arrivera aussi au corps de celui qui a choisi de vivre dans la débauche ! Mais une autre possibilité s'offre au corps : se lier à celui du Christ (par l'Eucharistie – cf. 1 Co 11) et faire ainsi corps avec lui dans l'Église (1 Co 12,12-17). Alors que nourriture et ventre sont liés au même destin, la décomposition, les corps liés au corps du Christ sont, eux aussi, liés au même destin, la résurrection !

Nous sommes ici au cœur de la pensée de Paul ! La liberté chrétienne est le fruit de la Résurrection du Christ pour qui se lie à lui. On notera, en passant, que Paul distingue totalement la vie sexuelle de la vie purement physique. Faire l'amour est d'un autre ordre que manger, et engage autrement. À ses yeux, la sexualité engage la personne tout entière ; il convient de rappeler ici que le corps est identiquement la personne à ses yeux.

> *Ne le savez-vous pas ? Vos corps sont les membres du Christ. Vais-je donc prendre les membres du Christ pour en faire les membres d'une femme de débauche ? Absolument pas. Ne le savez-vous pas ? Quand on s'unit à la débauchée, cela ne fait qu'un seul corps. Car il est dit : Tous deux ne feront plus qu'un.*
>
> *1 Co 6,15-16*

Une liberté incorporée

La question du corps et de la liberté se pose encore aujourd'hui ! Elle nous atteint lorsque nous ignorons l'appel du baptême en nous. Nous avons été baptisés pour ne former qu'un seul corps avec le Christ et avec les autres chrétiens (1 Co 12,18).

Le réalisme de la pensée de Paul se fonde sur le texte de la Genèse qui marque la force du lien, mais aussi ses limites. D'une certaine manière, dans le mariage, plus l'unité est forte, plus les deux personnalités sont respectées. Là encore, on pourrait greffer une réflexion sur le mariage : celui-ci est, pour Paul, le signe et le moyen de l'union au Christ : Paul attire l'attention ainsi sur les problèmes que posent les mariages « mixtes », ceux où le conjoint refuse cette ouverture sur Dieu.

Quand on s'unit au Seigneur, cela ne fait qu'un seul esprit (1 Co 6,17). On s'attendrait à : « Celui qui s'unit au Seigneur est avec lui un seul corps », pour que le parallèle esquissé par Paul au verset précédent soit pertinent. Mais Paul veut rappeler que l'union avec le Christ, même si elle prend tout entier, corps et âme, est totalement spirituelle. L'âme est le principe d'unité de leur personne, ce qu'est l'Esprit Saint pour Dieu. L'Esprit est l'unité même. Et le Christ Ressuscité donne son Esprit à l'homme pour l'unir totalement à lui, et lui permettre de trouver une unité intérieure et la simplicité dans sa relation avec les autres et avec Dieu.

Dans ce verset, le verbe important est « unir ». Il nous place au cœur de l'Alliance. C'est Dieu qui propose l'Alliance et qui donne les moyens d'en faire un succès pour la vie. Mais l'homme est libre. Il est ici le sujet. Il n'y a pas de fatalité.

Pour autant, l'Alliance dépasse totalement l'homme. S'unir au Seigneur, c'est entrer dans cet extraordinaire échange entre toute l'humanité et son Dieu. Il ne s'agit pas simplement de participer à la vie d'une institution, l'Église, il ne s'agit pas simplement d'être moral, il s'agit de refuser de se focaliser sur soi, sur son nombril ou sur son sexe, mais de s'ouvrir au monde. D'entrer volontairement dans l'élan profond du monde vers l'unité, la paix en Dieu.

Fuyez la débauche. Tous les péchés que l'homme peut commettre sont extérieurs à son corps ; mais la débauche est un péché contre le corps lui-même (1 Co 6,18). Ce verset semble être la conclusion du raisonnement. Mais il est quand même difficile à comprendre, sauf si la débauche entraîne un asservissement physique (une addiction, comme pour l'alcool) qui empêche d'être libre. On peut y voir aussi une réminiscence de l'Ancien Testament, où la débauche était souvent liée à l'idolâtrie et donc au refus du Dieu des pères.

> *Ne le savez-vous pas ? Votre corps est le temple de l'Esprit Saint, qui est en vous et que vous avez reçu de Dieu ; vous ne vous appartenez plus à vous-mêmes, car le Seigneur a payé le prix de votre rachat. Rendez donc gloire à Dieu dans votre corps.*
>
> *1 Co 6,19-20*

Nous sommes là où Paul voulait en venir. Notre corps est le Temple de l'Esprit Saint. Encore une fois, il convient de répéter que le corps, ici, n'est pas l'enveloppe charnelle, mais toute la personnalité. La personne du chrétien est demeure de l'Esprit Saint. Elle est habitée par le dynamisme d'unité qui existe en Dieu. Elle est habitée par l'Esprit du Christ, qui peut légitimement se tourner vers Dieu en disant : Père. Elle est habitée par l'Esprit qui la conforme au Christ dans l'histoire, c'est-à-dire, le plus souvent, petit à petit.

Ces deux versets soulignent les caractéristiques propres de la liberté chrétienne. D'une part, le chrétien a été racheté. L'image sous-jacente ici est celle de la rançon. Certes, nous ne sommes plus dans une culture de l'esclavage, et nous pouvons avoir du mal à imaginer ce que représente pour un esclave l'accession au statut d'affranchi, d'homme libre même si les récits de libération d'otages peuvent, sans doute, nous en donner une idée. Par sa Passion, sa mort et sa Résurrection, le Christ nous a libérés. Libres, nous sommes.

Mais de quoi avons-nous été libérés ? De quoi avons-nous été rachetés ? Il conviendrait ici de reprendre toute l'histoire du salut. Il est certain que nous naissons tous dans un monde où l'humanité est à la fois victime et cause du mal, du péché. Nous vivons dans un monde à maints égards menaçant, et il est certain aussi que, nous-mêmes, nous entrons dans le manège du « prince de ce monde ».

C'est d'abord de cette ronde infernale que nous sommes sauvés. Nous pouvons en sortir en nous liant au Christ. Cette Alliance fait que « nous ne nous appartenons pas à nous-mêmes ». C'est évidemment le propre d'une alliance, même de celles qui permettent d'accéder à la liberté, d'être paradoxalement un lien. De l'extérieur, ce lien peut sembler être une limite donnée à la liberté. Cela serait vrai si ce lien n'était pas ce qui correspond à notre nature la plus profonde, et si cela était de l'ordre de la Loi alors qu'il est de l'ordre de l'amour.

Glorifiez Dieu dans vos corps. Cette phrase est extraordinaire. Paul vient de parler de nourriture et de sexualité et il est normal de lire ici une sorte d'appel à l'estime de son corps. Estimer son corps dans le monde moderne peut amener à se poser bien des questions sur l'esthétique, mais, passons ! Encore une fois, pour Paul, le corps, c'est la personnalité telle qu'elle s'offre au regard de l'autre. Ce n'est pas une enveloppe, c'est l'être tout entier dans son apparence, dans ses limites, sa fragilité, ses besoins, ses pulsions. Or, il demande aux chrétiens de glorifier Dieu dans leur corps.

Paul dit donc aux chrétiens : « Dans votre corps, tel qu'il est, soyez le rayonnement de la présence du Dieu de liberté. » Et l'étonnant, c'est que cela soit possible.

Questions

- Vous pensez-vous libre ? Qu'est-ce qui vous emprisonne ou qui vous gêne ?
- Comment pourriez-vous être encore davantage libéré ?
- Pensez-vous que l'on puisse être « engagé » et « libre » ? L'amour rend-il libre ?
- Faut-il de l'argent, dans notre société, pour être vraiment libre ?
- Pensez-vous que le corps soit une entrave à la liberté ? En quoi ?
- Comment peut-on agir ensemble si chacun est libre ?

Oser la vérité

Viens, Esprit Saint,
Viens affermir mon humanité,
Viens éclairer mon chemin jusqu'au Père,
Viens me donner la force de rencontrer mes frères,
Fais-moi découvrir la dimension divine de ma vie.
Libère-moi de tout ce qui m'emprisonne,
Unis-moi à Jésus comme à un ami.
Viens, Esprit Saint,
Donne-moi la force de joindre ma voix à ceux qui te cherchent,
Mets dans ma bouche les mots de la prière,
Et dans mon cœur l'intelligence du bonheur.
Oui, viens, Esprit Saint !

Libre devant Dieu ! Mais, aujourd'hui, il semble que nos concitoyens usent de leur liberté pour oublier Dieu. Vue de France, la situation de la foi chrétienne est délicate et peut même sembler catastrophique. La foi est en recul. D'après les sondages, notre pays ne compterait pas plus de 20 % de croyants en un Dieu personnel contre 17 % d'athées déclarés. Danièle Hervieu-Léger, une sociologue réputée dans le domaine religieux, parle « d'exculturation du christianisme dans la société française ».

Croire ne va plus de soi. Ce n'est pas le lieu de tenter une analyse des causes de cette situation. Notre propos, ici, est de nous interroger sur le pourquoi et le comment de notre propre foi. Croyants, la situation interroge notre foi. Elle l'interroge d'autant plus que notre culture nous presse, nous oblige à assumer notre liberté, c'est-à-dire à savoir expliquer pourquoi nous choisissons librement de croire. Ce choix est évidemment personnel. Il l'est tellement qu'il peut sembler difficile d'en rendre compte même à nous-mêmes. Une méditation de saint Paul peut cependant éclairer notre réflexion et nous aider à mettre des mots sur notre expérience.

Interpréter la crise avec Paul

Relisons la Première lettre aux Corinthiens 2,3-16.

Mon langage, ma proclamation de l'Évangile n'avaient rien à voir avec le langage d'une sagesse qui veut convaincre (v. 6). La sagesse ici est celle de la culture de son temps. Paul tient à s'en distinguer. Ce n'est pas par mépris de la réalité, ni de l'intelligence humaine. On peut dire que l'Incarnation du Christ enseigne le réalisme : Dieu s'est fait chair pour inviter à ne pas perdre le contact avec la réalité humaine. On peut dire aussi que la foi chrétienne est une large invitation à être intelligent.

> *L'Église, pour sa part, ne peut qu'apprécier les efforts de la raison pour atteindre des objectifs qui rendent l'existence personnelle toujours plus digne. Elle voit en effet dans la philosophie le moyen de connaître des vérités fondamentales concernant l'existence de l'homme. En même temps, elle considère la philosophie comme une aide indispensable pour approfondir l'intelligence de la foi et pour communiquer la vérité de l'Évangile à ceux qui ne la connaissent pas encore.*
>
> Jean-Paul II, *Fides et ratio*, 5

Pour autant, les grands de ce monde ne savent pas conduire les hommes à la sagesse. Ils se trompent souvent et leurs grandes théories les égarent (cf. v. 8, cf aussi Ba 3,15-19). Paul refuse de faire de grandes démonstrations intellectuellement satisfaisantes ou, en tout cas, persuasives. Il ne fait pas de publicité pour Dieu. Il ne fait pas d'apologie de christianisme. Il dit simplement ce qu'il a reçu. Il est un témoin. Un témoin qui reçoit, réfléchit, certes, mais qui ose exprimer sa foi.

C'est bien une sagesse que nous enseignons aux chrétiens adultes. Les adultes dans la foi ! La traduction minimise ce que dit Paul. Ici, il parle de « parfaits », plutôt que d'adultes. Être « parfait » c'est, au minimum, être dans l'Alliance par une vie de foi nourrie par la Parole de Dieu et les sacrements.

> *Aux adultes, la nourriture solide, eux qui ont des sens exercés par la pratique et savent discerner ce qui est bon de ce qui est mal.*
>
> *He 5,14*

> *Au contraire, nous proclamons la sagesse du mystère de Dieu, sagesse tenue cachée, prévue par lui dès avant les siècles, pour nous donner la gloire.*
>
> *1 Co 2,7*

Paul enseigne que le monde n'est pas absurde. Il a un sens. Et ce sens, même s'il est caché aux yeux des sages de ce monde, est le fruit d'un vouloir de Dieu, qui transcende le temps et traverse toute l'histoire de l'humanité : Dieu veut que l'humanité participe à sa gloire. Lorsque nous regardons la fragilité du monde, le chaos, la violence et nos propres fragilités, donner foi à cette Révélation dépasse l'intelligence humaine. Cela dépasse l'intelligence, mais ne la nie pas. Un de mes amis, athée militant, me dit souvent : « Je ne me pose aucune question métaphysique… sauf peut-être une : dans cinq milliards d'années au plus, le soleil et la terre n'existeront plus. Peut-être ne nous reste-t-il qu'un milliard d'années : lorsque l'on voit les immenses progrès de l'homme depuis huit mille ans, on a peine à imaginer le développement inouï de l'humanité dans des millions de siècles… Et je n'arrive pas à croire que cet immense effort puisse disparaître… »

Le monde a un sens, mais l'homme d'aujourd'hui a peur de fabriquer ce sens au prétexte qu'il en a envie, peut-être même besoin ! Il ne veut pas céder à la facilité, alors, il refuse au monde la sagesse. Il y a là quelque chose d'admirable de volonté d'honnêteté ; mais ce refus est aussi dramatique que le refus d'aimer par peur que l'amour ne soit pas possible. Ce refus, celui des Romains, des pharisiens, des « sages d'aujourd'hui », aboutit à la mort physique ou morale du Christ. Il est rejeté. Ce qu'il dit est impossible.

> *Aucun de ceux qui dominent ce monde ne l'a connue, car, s'ils l'avaient connue, ils n'auraient jamais crucifié le Seigneur de gloire. Mais ce que nous proclamons, c'est, comme dit l'Écriture : ce que personne n'avait vu de ses yeux ni entendu de ses oreilles, ce que le cœur de l'homme n'avait pas imaginé, ce qui avait été préparé pour ceux qui aiment Dieu.*
>
> *1 Co 2,8-9*

Les citations sont celles d'Isaïe 64,3 et de Jérémie 3,16 dans une combinaison difficile à comprendre. À vrai dire, Jérémie annonce que, en temps messianique, on ne cherchera plus à retrouver (ou reconstruire) l'Arche d'Alliance. On l'aura oubliée, son souvenir ne reviendra pas au cœur de l'homme, parce que l'on aura mieux : le Messie. Et il est vrai que, pour le chrétien il n'y a plus de Temple, il n'y a plus d'Arche d'Alliance : le lieu de rencontre avec Dieu n'est plus la Loi, ni un espace sacré. Le Christ Jésus est le lieu d'Alliance.

À vrai dire, jamais l'homme n'a eu une imagination de cet ordre : la possibilité de l'Alliance avec Dieu le dépasse complètement : la sagesse de Dieu est plus grande que le désir de l'homme. Non seulement parce qu'elle nous fait savoir que nous pouvons rencontrer Dieu – ce qui n'est vraiment pas évident – mais aussi parce qu'elle nous fait découvrir la présence en notre cœur d'un formidable besoin de rencontre, qui peut se réaliser.

> *Et c'est à nous que Dieu, par l'Esprit, a révélé cette sagesse. Car l'Esprit voit le fond de toutes choses, et même les profondeurs de Dieu.*
>
> *1 Co 2,10*

Le verset 12 dira *Nous avons reçus l'Esprit de Dieu*. L'Esprit Saint, puisqu'il s'agit de lui, est identiquement la connaissance de Dieu par Dieu lui-même et par sa création. Et nous l'avons reçu !

> *Même les profondeurs de Dieu : ce sont les mystères [révélés dans] les saintes lettres, et une connaissance secrète que l'Esprit – lui qui sait – révèle aux âmes saintes en divinisant, d'une certaine manière, leur esprit.*
>
> Cyrille d'Alexandrie P 9. 74. 865

Saint Paul ose dire que *c'est à nous* que Dieu révèle sa sagesse par l'Esprit… C'est que l'Esprit est celui de Jésus qui parle dans son corps qui est l'Église.

L'Esprit que nous avons reçu n'est pas celui du monde (1 Co 2,12). Non seulement l'esprit de l'homme est limité, comme nous en faisant chaque jour l'expérience en ne sachant pas toujours qui nous sommes et ce que nous voulons, mais notre faiblesse est accentuée par la complicité avec l'esprit du monde. Non seulement nous sommes naturellement à une distance infinie de Dieu – celle qui sépare la créature du Créateur –, mais notre chemin est dérouté par le péché du monde.

Nous avons conscience des dons que Dieu nous a faits (1 Co 2,12). Le mot don traduit ici une forme verbale qui a donné « charisme » en français. L'Esprit de Dieu nous permet de savoir les marques de sa présence en nous. Non seulement Dieu nous donne son Esprit, non seulement cet Esprit nous donne d'agir, mais il nous donne de comprendre que ce qui est en nous et vient de lui. Ces dons de Dieu, en nous, sont des prédispositions à l'action.

Peut-être faut-il méditer longuement cela. Dans un monde où la logosphère qui semble entourer le monde – cet échange incessant de communications de toutes sortes – est comme un nuage qui assombrit la clarté des mots, il nous faut reprendre conscience de ce qui nous est donné de vivre. Il est des moments où les mots, les discussions, les explications, les raisonnements semblent ne pas être utiles ! La vie offerte, nue devant Dieu et les hommes devient langage.

Alors que souvent il nous semble difficile de nous penser chrétiens pour de multiples raisons, nous sommes poussés, de l'intérieur, à nous affirmer comme tels, et l'Esprit nous fait comprendre que c'est une grâce qui exprime ce que nous avons reçu.

Lorsque, sous l'influence du Paraclet, les hommes découvrent cette dimension divine de leur être et de leur vie, comme personnes ou comme communautés, ils sont en mesure de se libérer des divers déterminismes qui résultent principalement des fondements matérialistes de la pensée, de la praxis et de ses méthodes. À notre époque, ces éléments ont réussi à pénétrer jusqu'au cœur de l'homme, dans le sanctuaire de la conscience où sans cesse l'Esprit Saint fait entrer la lumière et la force de la nouvelle vie selon la « liberté des enfants de Dieu ». La maturité de l'homme dans cette vie est entravée par les conditionnements et par les pressions qu'exercent sur lui les structures et les mécanismes dominants dans les divers secteurs de la société. On peut dire que, dans bien des cas, les facteurs sociaux, loin de favoriser le développement et l'expansion de l'esprit humain, finissent par l'arracher à la vérité authentique de son être et de sa vie – sur laquelle veille l'Esprit Saint – et par le soumettre au « Prince de ce monde ».

Jean-Paul II, *Dominum et vivificantem, 60*

Nous en parlons non pas en un langage enseigné par l'humaine sagesse, mais en un langage enseigné par l'Esprit exprimant en termes d'esprit ce qui vient de l'Esprit.

1 Co 2,13

À vrai dire, le passage est difficile (en grec, on lit : « enseignés d'Esprit », en termes spirituels, ce qui est spirituel). Avec beaucoup d'autres, j'entends ce verset comme « affirmant que celui qui est habité d'Esprit juge en connaturalité avec l'Esprit de Dieu. Celui qui est rempli d'Esprit sait comme d'instinct ce qui est de Dieu et ce qui ne l'est pas ».

Lorsque les hommes et les femmes n'ont pas accueilli l'Esprit, ils ne peuvent pas comprendre ce qui est véritablement de Dieu. Mais celui (ou celle) qui accueille l'Esprit est déjà « en Dieu », partage avec Dieu son Esprit pour juger du monde.

Paul va résumer sa pensée aux versets 13, 14 et 15 en distinguant des types d'hommes et de femmes. Il ne s'agit pas de classer pour mépriser, mais de décrire un chemin possible. Il existe des personnes qui vivent selon la chair (1 Co 3,1) ; ceux-là, marqués par leurs limites et leur péché, ne peuvent pas connaître Dieu. Il existe des personnes que Paul qualifie de « psychiques », vivant selon leur nature, c'est-à-dire animés, intelligents, recherchant. Certes, ils peuvent tendre vers Dieu, mais, naturellement, ils ne trouvent pas Dieu et n'acceptent pas son Esprit. Enfin, il existe des hommes et des femmes accueillant l'Esprit, des spirituels vivant de l'intérieur – plus ou moins secrètement – leur relation avec Dieu. Or, si l'homme psychique ne comprend pas, le spirituel, lui, puisqu'il est « en Dieu », est capable de comprendre.

> *L'Écriture demandait : « Qui a connu la pensée du Seigneur ? Qui lui donnera des conseils ? » Eh bien ! la pensée du Christ, c'est nous qui l'avons !*
>
> *1 Co 2,16*

Ce verset est étonnant. Tout notre paragraphe semblait ne parler que de l'Esprit (*pneuma*) qui établissait chez le croyant la connaissance, le savoir même de Dieu. Or, ce verset conclusif ne parle plus d'Esprit au sens hébraïque du terme, mais d'esprit au sens grec du terme en employant le mot grec (*nous*) qui signifie la manière de penser, l'intelligence, la source du vouloir. Pour résumer tout son développement, Paul affirme tranquillement que nous avons en nous le « nous » du Christ, l'intelligence du Christ. La Vulgate (la traduction latine de la Bible) traduit : « *Nos autem sensus Christi habemus* » (Nous avons la sensibilité du Christ). C'est une révélation extraordinaire !

> *Ô, grandeur des mystères ! Que c'est donc grand : l'Esprit du Christ s'unit à notre esprit, sa volonté à notre volonté, son corps se mêle à notre corps ! Que devient notre esprit quand l'Esprit divin en a pris la maîtrise ? Que devient notre volonté quand cette bienheureuse volonté a tout pouvoir sur elle ? Et notre argile, passée par un tel feu ?*
>
> Hilaire de Poitiers, *De Trinitate*, P 6. 10. 470

Il nous faut nous arrêter encore un instant : l'Esprit qui vient régénérer le cœur de l'homme et de la femme est l'Esprit même du Christ ! Comme le Christ a connu humainement son Père à travers une connaissance « limitée », « obscure » mais toute tendue vers le Père, ainsi, le croyant, dans le même Esprit peut avoir la connaissance même qu'avait Jésus… de cette connaissance qu'il donne en donnant son Esprit.

> *Tout m'a été confié par mon Père ; personne ne connaît qui est le Fils, sinon le Père, et personne ne connaît qui est le Père, sinon le Fils et celui à qui le Fils veut le révéler.*
>
> *Lc 10,22*

Cette connaissance n'est pas une connaissance intellectuelle seulement. Elle est une connaissance, une force qui change, renouvelle la vie : si elle donne les sentiments qui furent en Jésus, elle permet de découvrir en Dieu un Père, donne sa vision sur le monde et infuse ainsi le sens de la mission et permet aussi, et permet surtout d'accueillir à chaque instant la force de la Résurrection.

À la découverte de l'Esprit de vérité

Nous étions partis de la crise de la foi catholique en France. Que nous dit notre lecture de Paul ? Elle me semble d'abord être rassurante : il est évident que cette crise peut nous sembler grave, dramatique, même… Mais Paul rappelle que l'on ne naît pas chrétien, on le devient par grâce.

La grâce serait-elle moins abondante aujourd'hui ? Je n'en sais évidemment rien, mais je sais l'évolution du monde, la confrontation avec mille manières de voir et la difficulté à trouver son chemin dans la jungle des opinions.

L'homme selon la chair, qui est marqué par le péché du monde, ne peut pas trouver Dieu. L'homme psychique, qui n'a pas accueilli l'Esprit-Saint, ne peut qu'hésiter, être embarrassé ou résoudre « trop facilement » ces questions dans des opinions, des comportements qui n'honorent pas totalement son besoin de vérité.

Reste l'homme spirituel, qui s'est décidé pour Dieu avec l'Esprit du Christ. Ce oui à Dieu dans le Christ peut sembler difficile : comment aujourd'hui prétendre voir le monde avec les yeux de celui qui est la vérité ? Comment affirmer que son Esprit de vérité est en nous ? Comment dire, avec Benoît XVI (*Verbum Domini*, 121) que le Christ est la Parole définitive de Dieu sur le monde et sur l'histoire ? Notre Europe a connu des millions de morts dans des guerres où chacun prétendait avoir « *Gott mit uns* ». Dans notre culture, nous ne sommes pas prêts à recommencer !

Et, pourtant, l'Esprit est Esprit de vérité !

> *C'est l'Esprit de vérité. Le monde est incapable de le recevoir, parce qu'il ne le voit pas et ne le connaît pas ; mais vous, vous le connaissez.*
>
> *Jn 14,17*

> *Il est notoire que le concept de vérité est désormais un objet de soupçon. On en a beaucoup abusé, c'est exact. Au nom de la vérité, on a pu justifier l'intolérance et la cruauté. Quand quelqu'un dit : c'est la vérité, ou : je détiens la vérité, ou : je détiens la vérité, cela nous fait peur. Nous n'avons jamais la vérité, dans le meilleur des cas c'est elle qui nous a. Personne ne contestera qu'il faut se montrer prudent et précautionneux en cette matière…*
> *Nous devons avoir le courage de dire : oui, l'homme doit chercher la vérité ; il est capable de vérité…*
> *Que la vérité ne parviendra pas à régner par la force, mais par son propre pouvoir, c'est le contenu central de l'Évangile selon saint Jean. Jésus se présente devant Pilate comme La Vérité et comme témoin de la vérité. Il ne défend pas la vérité avec l'aide de légions, mais la rend visible par sa Passion, et c'est aussi de cette façon qu'il la met en vigueur.*
>
> Benoît XVI, *Lumière du monde*, Paris, Bayard, 2010

Le chemin du savoir sur Dieu est un chemin difficile, surtout parce que nous nous croyons incapables de Dieu, sans expérience. Or, nous sommes plus compétents que nous ne le pensons ! Il nous faut devenir nous-mêmes.

Comment être nous-mêmes, croyants, sachant le peu que nous savons? Il me semble que cela n'est possible que progressivement. Les trois âges de la vie spirituelle sont en chacun de nous et il nous faut sans cesse quitter l'homme charnel pour devenir psychiques et atteindre l'homme spirituel.

> *Sous l'influence de l'Esprit Saint, cet homme intérieur, c'est-à-dire « spirituel », mûrit et devient plus fort. Grâce à cette communication divine, l'esprit humain qui « connaît ce qui concerne l'homme » rencontre « l'Esprit qui sonde tout jusqu'aux profondeurs de Dieu ». Dans cet Esprit, qui est le Don éternel, le Dieu un et trine s'ouvre à l'homme, à l'esprit humain. Le souffle caché de l'Esprit divin fait que l'esprit humain s'ouvre à son tour en face de Dieu qui s'ouvre à lui pour le sauver et le sanctifier. Par le don de la grâce efficace qui vient de l'Esprit, l'homme entre dans « une vie nouvelle », il est introduit dans la réalité surnaturelle de la vie divine elle-même et il devient « une demeure de l'Esprit Saint », un « temple vivant de Dieu ».*
>
> *Par l'Esprit Saint, en effet, le Père et le Fils viennent vers lui et établissent une demeure chez lui. Dans la communion de grâce avec la Trinité s'élargit « l'espace vital » de l'homme, élevé au niveau surnaturel de la vie divine. L'homme vit en Dieu et de Dieu : il vit « selon l'Esprit » et « désire ce qui est spirituel ».*
>
> Jean-Paul II, *Dominum et vivificantem*, 58

Le chemin pour accueillir cet Esprit comporte des étapes différentes (que l'on retrouve dans toute catéchèse) Tout d'abord, il importe d'entendre, de voir, de rencontrer un texte, une Parole, un enseignement qui donnent envie de savoir et d'en vivre. Nous pensons souvent qu'il suffit de vivre la foi pour que celle-ci exerce sur notre entourage une fascination, mais les autres ne peuvent pas savoir que c'est une vie qui dit le Christ si on ne l'explicite pas d'une manière ou d'une autre.

À vrai dire, dans la confusion du discours qui peut régner actuellement, il est nécessaire d'établir une sorte d'arc électrique entre la vie et le discours d'une personne (directement ou indirectement) et ma propre vie, pour pouvoir désirer avancer dans la foi. À l'évidence, les autres ont besoin de ma vie et de mon discours pour que cet arc électrique existe. Mais j'ai aussi besoin de la communauté – et, en particulier, de la liturgie – pour que cet arc électrique existe pour moi.

> *La deuxième étape suppose que l'on soit croyant… et que l'on veuille rendre sa foi adulte : il s'agit alors de permettre à la parole (au texte, aux rencontres, aux enseignements) de devenir Parole pour moi.*
> *Comme la Parole de Dieu vient à nous dans le Corps du Christ, dans le Corps eucharistique et dans le Corps des Écritures par l'action de l'Esprit Saint, de même elle ne peut être accueillie et comprise pleinement que grâce à ce même Esprit.*
>
> Benoît XVI, *Verbum Domini*, 16

Mais cette étape n'est pas la dernière : ce que nous avons cherché à comprendre, ce qui nous a réchauffé le cœur, ne prend totalement sens que si cela change notre vie au point de regarder l'ennemi ou l'opposant religieux, le centurion ou le samaritain, comme Jésus le regarde et d'être prêts à donner notre vie pour eux.

Le savoir de Dieu ne peut être qu'un savoir d'amour, don total.

Questions

- Quelle est la place de l'Esprit Saint dans votre foi ? Pour vous, l'Esprit Saint est-il celui qui éclaire le chemin ? Celui qui permet d'aimer ? Celui qui ouvre le chemin de la prière ?

- Quels sont les dons que Dieu vous a faits ?

- Pensez-vous qu'être chrétien change votre vision du monde ? En quoi ?

- Estimez-vous être en droit de dire que vous avez la pensée du Christ ?

- Faut-il se battre pour la vérité ?

Oser la communion

Seigneur, ton Esprit nous rassemble
Mystérieusement.
Il nous façonne ensemble en un seul corps
Avec nos frères et sœurs, les saints,
Ceux qui nous servent de modèles,
Ceux que nous ignorons mais dont nous portons les traits,
Ceux qui habitent à côté de chez nous,
Ceux qui peinent à l'autre bout du monde.

Seigneur, ton Esprit nous rassemble
Et tu respectes nos différences
Tu les aimes !
J'oserais dire que tu t'en sers…
Pour que chacun apporte ce qu'il est à ton corps
Et, dans la grande mélodie du monde,
Nous puissions être le chœur qui te chante.

Toi, Dieu,
L'Unique,
Toi Dieu, Père, Fils et Esprit.

Un article du Symbole des apôtres est à la fois mystérieux et enthousiasmant : *Je crois en l'Esprit Saint, à la sainte Église catholique, à la communion des saints, à la rémission des péchés, à la résurrection de la chair…* Ainsi, pour les chrétiens des IVe-Ve siècles, période probable de la fixation de ce texte, il était important d'affirmer leur foi en l'action de l'Esprit Saint, notamment dans la communion des saints.

La signification exacte de l'expression « communion des saints » a longtemps été l'objet de discussion : rien ne permet, en effet, de savoir si « les saints » sont les « choses saintes » et, en particulier, les « éléments » eucharistiques que l'on appelait les *sancta*, la communion des saints, serait alors la communion aux sacrements. Ou si les saints sont les chrétiens eux-mêmes (on les appelle « saints » assez souvent dans le Nouveau Testament, cf. Ac 9,13, 32, 41 ; Rm 1,7 ; 1 Co 6,1 ; etc.) et la communion des saints serait alors le lien mystérieux qui unit les chrétiens entre eux. À vrai dire, les deux explications méritent davantage d'être liées que séparées, et c'est ce à quoi parvient le concile Vatican II (relire *Lumen Gentium*, 49).

Communion dans la foi

La communion des saints est une communion dans la foi : c'est une vraie joie de se découvrir partager le même élan vers le Christ avec des personnes d'origine, de culture, d'âge différents. Joie du voyageur ! Joie du fidèle de banlieue. Cette fraternité dans la foi a une caractéristique essentielle : plus elle est partagée avec davantage de participants, plus elle est intense. Qui a vécu les JMJ sait cela du fond de lui-même.

La communion des saints est une communion sacramentelle : chaque sacrement permet de s'unir au Christ, et, par là, fait pénétrer plus avant dans la communion ecclésiale. À chaque messe, nous prions pour que l'Esprit Saint transforme l'assemblée en un seul corps.

> *Regarde, Seigneur, cette offrande que tu as donnée toi-même à ton Église ; accorde à tous ceux qui vont partager ce pain et boire à cette coupe d'être rassemblés par l'Esprit Saint en un seul corps pour qu'ils soient eux-mêmes, dans le Christ, une vivante offrande à la louange de ta gloire.*
>
> Deuxième prière eucharistique

La communion des saints est une communion des talents, des charismes. Il conviendrait de reprendre ici tout ce que le Nouveau Testament enseigne sur l'Église – corps du Christ. Dans la communion de l'Église, l'Esprit Saint distribue des grâces spécifiques à chacun pour l'édification de l'Église. Chacun a une place. Chacun a un rôle. Chacun a une mission en fonction de ce qu'il est.

> *Or, vous êtes le corps du Christ et, chacun pour votre part, vous êtes les membres de ce corps. Parmi ceux que Dieu a placés ainsi dans l'Église, il y a premièrement des apôtres, deuxièmement des prophètes, troisièmement ceux qui sont chargés d'enseigner, puis ceux qui font des miracles, ceux qui ont le don de guérir, ceux qui ont la charge d'assister leurs frères ou de les guider, ceux qui disent des paroles mystérieuses. Tout le monde évidemment n'est pas apôtre, tout le monde n'est pas prophète, ni chargé d'enseigner ; tout le monde n'a pas à faire des miracles, à guérir, à dire des paroles mystérieuses, ou à les interpréter.*
>
> *1 Co 12,27-30*

La communion des saints est une communion matérielle

La multitude de ceux qui avaient adhéré à la foi avait un seul cœur et une seule âme ; et personne ne se disait propriétaire de ce qu'il possédait, mais on mettait tout en commun (Ac 4,32). À vrai dire, le chrétien ne se croit pas propriétaire mais gérant de ce qu'il possède, pour le service de tous ! J'aime voir, dans mon diocèse, combien de personnes sont généreuses et font leur cette communion qui, à travers le matériel, exprime une véritable fraternité (1 Co 12,16-27).

Communion au-delà du temps

L'Esprit Saint – j'en suis le témoin – bâtit visiblement jour après jour la communion des saints. Mais il la bâtit aussi invisiblement. Le texte de *Lumen Gentium* rappelle que le dogme porte aussi sur cette communion mystérieuse que nous continuons à avoir avec les morts et, notamment, avec les saints.

La prière pour les morts est traditionnelle dans l'Église, elle est l'expression d'une certitude : ce que nous faisons a une utilité pour ceux qui sont morts.

> *Reconnaissant dès l'abord cette communion qui existe à l'intérieur du Corps mystique de Jésus Christ, l'Église, en ses membres qui cheminent sur la terre dès les premiers temps du christianisme, a entouré de beaucoup de piété la mémoire des défunts en offrant aussi pour eux ses suffrages.*
>
> Vatican II, *Lumen Gentium*, 50

Quant aux saints, nous croyons qu'ils nous assistent et nous aident (Vatican II, *Lumen Gentium*, 50). *Je passerai mon ciel à faire du bien sur la terre* (Sainte Thérèse de l'Enfant Jésus et de la Sainte Face).

Accueillir l'Esprit de communion

Voici donc l'énoncé du dogme de la communion des saints, de ce lien qui unit les vivants et les morts dans un même corps dont le Christ est la tête, lien dont la conscience devrait bouleverser la vie. Le problème, la difficulté, est d'en avoir conscience ! Il est tellement facile de faire de la communion des saints une belle image, un bel idéal ! Une sorte de socialisme spirituel : « ensemble, on est plus fort ».

> *Il y a la communion des saints ; et elle commence à Jésus. Il est dedans. Il est à la tête. Toutes les prières, toutes les épreuves ensemble, tous les travaux, tous les mérites, toutes les vertus ensemble de Jésus et de tous les autres saints ensemble, toutes les saintetés ensemble travaillent et prient pour tout le monde*

> *ensemble, pour toute la chrétienté, pour le salut de tout le monde. Ensemble.*
>
> Charles Péguy, *Le mystère de la charité de Jeanne d'Arc*

Évidemment, il s'agit de cela mais encore de bien plus que de cela. Pour le comprendre, contemplons un instant les relations du Christ et de l'Esprit Saint. Pensons à ces relations à partir de ce que nous en disent les Évangélistes dans le Nouveau Testament. Le point clef de ce regard pourrait être le baptême du Christ (Mt 3,16-17). Nous avons aussi appris que grâce à l'Esprit nous pouvons comprendre ce que sont Jésus, sa mission et son enseignement.

> *J'aurais encore beaucoup de choses à vous dire, mais pour l'instant vous n'avez pas la force de les porter. Quand il viendra, lui, l'Esprit de vérité, il vous guidera vers la vérité tout entière. En effet, ce qu'il dira ne viendra pas de lui-même : il redira tout ce qu'il aura entendu ; et ce qui va venir, il vous le fera connaître.*
>
> *Jn 16,12-13*

Nous savons enfin que l'Esprit agit dans l'Église. Il nous faut comprendre cela profondément : l'Esprit est celui qui, sans cesse, rapproche du Christ en le rendant « accessible » en nous faisant entrer dans sa force de création, jusqu'à ce que nous participions, dans le Christ, à l'unification du monde. Jésus est toujours homme et Dieu. Il l'est pour l'éternité et son Esprit est celui qui nous travaille pour construire le monde nouveau. Grâce à l'Esprit, nous faisons partie du dialogue d'amour de Jésus avec son Père pour le bonheur de toute l'humanité. Le « métier » de l'Esprit Saint consiste à réunir la création au Fils comme il réunit le Fils au Père.

Même s'il y a là un mystère insondable dont on ne peut approcher qu'avec un cœur de saint et une intelligence de théologien, on doit pouvoir dire que ce métier de l'Esprit Saint est à la fois de rapprocher, mais aussi de créer un espace en Dieu entre le Père et le Fils et de nous permettre d'entrer dans cet espace pour vivre en Dieu ! Il est facile de parler de cet espace, mais il nous est impossible d'imaginer ce qu'il signifie. Lorsque le Fils devient homme, ne retient rien de ce qui l'égale à Dieu et s'anéantit, lorsqu'il se tourne vers son Père en lui disant : *Pourquoi m'as-tu abandonné ?*, il nous devient évident qu'il s'agit là d'une expérience inouïe. La contempler donne à comprendre, un peu, ce qu'est cet espace.

D'autant que l'expérience de Gethsémani a lieu une fois pour toutes. Dorénavant, Dieu a fait l'expérience de la souffrance, de la mort de l'homme. Et cette expérience, il l'a vécue pour que la vie puisse ressurgir dans le chaos du monde. Pour redonner un sens à des vies marquées par la mort. L'Esprit construit l'unité finale, en permettant au Christ de vivre une certaine séparation d'avec son Père, celle que l'homme subit dans la mort : le Christ souffre la souffrance de l'homme d'être séparé de tout, pour que l'homme vive de la vie de Dieu, qui réunit tout.

Nous ne pouvons pas parler de l'Esprit Saint sans nous situer dans l'ensemble de l'histoire du salut, dans cette volonté de Dieu d'unir le monde. Certes, nous pouvons jouer les modestes, mais ici, ce serait une manière de fuir nos responsabilités. Certes, nous pouvons envisager la communion des saints comme une chaleureuse fraternité qui nous garantit une assistance sur la vie et après la vie. Mais la communion des saints signifie notre responsabilité propre dans l'histoire du salut.

Comme nous le pressentons dans la plupart des prières des fidèles (la prière universelle des messes), le dogme de la communion des saints nous inscrit dans la mission du Christ de construire un monde nouveau. Bref, il faudrait lire le symbole des apôtres : Je crois en l'Esprit Saint qui fait de l'Église catholique le sacrement de l'unité du monde en Dieu et qui nous fait participer à la mission du Christ pour la rémission des péchés et la résurrection des morts. La communion des saints est le dynamisme de la sainteté de l'Église.

Vivre la communion

Ceci ne peut pas se faire sans accepter de porter avec le Christ le poids du péché du monde. Celui des grandes organisations comme celui de notre voisin ou de notre conjoint. Porter. Pas simplement supporter ! Mais se charger de sa lourdeur pour permettre à l'autre de marcher. On ne peut croire à la communion des saints en se retranchant du monde puisque, par ce dogme, nous croyons que la mission du Christ est vraiment universelle et que son Esprit est en nous.

Cela dit chacun a son chemin propre pour vivre la communion des saints. La Révélation apprend l'universalité de l'amour de Dieu. Et nous la croyons. Mais non sans nous poser des questions : faut-il que toute l'humanité devienne catholique pour être sauvée ? Quelle est la place des juifs et des musulmans dans la communion des saints ? Dans la communion des saints, chacun gardera-t-il son identité ?

Je bénirai ceux qui te béniront, je maudirai celui qui te méprisera. En toi seront bénies toutes les familles de la terre (Gn 12,3). La Promesse au peuple juif est éternelle : Dieu ne revient pas sur ses engagements ! Les juifs sont le Peuple de Dieu et ils peuvent en être légitimement fiers. Jésus répète lui-même : « Le salut vient des juifs » (Jn 4,22). La présence de ce peuple est, pour nous chrétiens, capitale : elle apprend que l'universalisme de Dieu n'est pas un universalisme abstrait mais un universalisme né de la valeur universelle de chaque personne particulière et de chaque peuple particulier. À vrai dire, nous sommes souvent comme Dieu ! Un livre de généralités nous intéresse moins et semble moins universel qu'un récit de la vie d'une personne particulière !

Comment vivre la communion des saints ? Dans le cœur du Christ ! L'expression déplaît aux uns, plaît aux autres, mais elle est une bonne manière de s'exprimer ! La communion des saints correspond, je le crois, à une véritable aspiration de l'homme et de la femme. Même si nous n'osons y croire, nous aspirons à l'unité du monde – non seulement de l'humanité mais aussi de l'univers –, à la fraternité universelle. Et, au fond, le dogme nous apprend qu'il n'est pas étonnant d'y aspirer puisque nous avons été faits pour cela.

Mais l'expérience prouve tous les jours que cela n'est pas possible humainement, sauf si le Christ qui a vaincu la division, la haine et la mort nous réunit par son Esprit. En fait, pour croire à la communion des saints, il faut se croire unis, dans le cœur, par l'Esprit Saint. Au fond, nous devons nous rencontrer en lui. Communier en lui avec l'humanité. Et dans son Esprit nous pouvons vivre l'hospitalité de l'humanité (dans les deux sens du mot ; nous sommes heureux de la recevoir en nous et nous sommes heureux d'être reçus par chacun). Tout ce qui se voit dans l'Église de la communion des saints doit être perçu par la foi comme signe de cette présence, de cette hospitalité intérieure : en chacun d'entre nous, l'humanité, le cosmos soupirent en attendant leur unité. Mais ils sont présents. Ils sont présents au point que je peux considérer comme mien ce que l'autre a fait pour avancer vers le salut universel.

Bref, pour vivre la communion des saints, il convient d'y croire et d'agir en y croyant ! Il convient de penser que ce « surnaturel » est la manière naturelle pour un chrétien de réussir sa vie. Il y a là invitation à l'abandon à l'Esprit qui ouvre à l'humanité et construit l'humanité en nous. Il y a là aussi une invitation au dialogue. Dieu se révèle et fait avancer l'humanité par le dialogue !

> *Il a plu à Dieu dans sa bonté et sa sagesse de se révéler en personne et de faire connaître le mystère de sa volonté (cf. Ep 1,9) grâce auquel les hommes, par le Christ, le Verbe fait chair, accèdent dans l'Esprit Saint, auprès du Père et sont rendus participants de la nature divine (cf. Ep 2,18 ; 2 P 1,4). Par cette révélation, le Dieu invisible (cf. Col 1,15 ;*

> *1 Tm 1,17) s'adresse aux hommes en son surabondant amour comme à des amis (cf. Ex 33,11 ; Jn 15,14-15), il s'entretient avec eux (cf. Ba 3,28) pour les inviter et les admettre à partager sa propre vie. Pareille économie de la Révélation comprend des actions et des paroles intimement liées entre elles, de sorte que les œuvres, accomplies par Dieu dans l'histoire du salut, attestent et corroborent et la doctrine et le sens indiqués par les paroles, tandis que les paroles proclament les œuvres et éclairent le mystère qu'elles contiennent. La profonde vérité que cette Révélation manifeste, sur Dieu et sur le salut de l'homme, resplendit pour nous dans le Christ, qui est à la fois le Médiateur et la plénitude de toute la Révélation.*
>
> Vatican II, *Dei Verbum*, 2

Le but de la Révélation n'est pas d'abord la transmission d'un savoir, mais une incitation à la communion dans un dialogue amical et une vie partagée. La communion des saints est cette vie partagée. Elle n'est pas encore plénière, ni entre nous, ni entre nous et Dieu. Mais elle est amorcée, et c'est cela qui est extraordinaire. Si Dieu lui-même estime nécessaire le dialogue (avec paroles et gestes) pour s'exprimer et établir la communion, comment pourrions-nous penser que nous n'avons pas besoin de ce dialogue pour grandir et avancer ?

> *Cela exige en premier lieu qu'au sein même de l'Église nous fassions progresser l'estime, le respect et la concorde mutuels, dans la reconnaissance de toutes les diversités légitimes, et en vue d'établir un dialogue sans cesse plus fécond entre tous ceux qui constituent l'unique Peuple de Dieu, qu'il s'agisse des pasteurs ou des autres chrétiens. Ce qui unit en effet les fidèles*

est plus fort que tout ce qui les divise : unité dans le nécessaire, liberté dans le doute, en toutes choses la charité.

Vatican II, *Gaudium et spes*, 92

Paul VI (*Ecclesiam suam*, 81) estimait ainsi que le rapport de l'Église avec le monde s'exprime le mieux sous forme de dialogue. Il soulignait les qualités nécessaires au dialogue : la clarté, la douceur, la confiance, le pardon. *L'Église doit entrer en dialogue avec le monde dans lequel elle vit. L'Église se fait parole. L'Église se fait message. L'Église se fait conversation*, disait encore Paul VI. Si l'Église est sainte, c'est parce qu'elle est habitée par l'Esprit Saint et qu'elle nous entraîne à servir le dialogue d'amour dans l'Esprit et le Fils dans une unité parfaite. L'extraordinaire, c'est qu'il compte sur nous pour cela.

Questions

- Quel rapport entretenez-vous avec les morts ? Ont-ils une grande place dans votre vie quotidienne ?

- Avez-vous des saints préférés ? Pourquoi ?

- Éprouvez-vous la nécessité de vivre en communauté chrétienne pour vivre votre foi ? Pourquoi ?

- Qu'évoque pour vous l'expression « corps du Christ » ? Quel lien faites-vous entre l'Eucharistie et l'Église ?

- Vous sentez-vous responsable du monde ? Pourquoi ? De quelle manière ?

Oser la fidélité

Je chanterai toujours les bontés du Seigneur.
Ma bouche fera connaître ta loyauté pour des siècles.
Oui ? je le dis : « Ta bonté est édifiée pour toujours ;
dans les cieux, tu établis ta loyauté. »

J'ai conclu une alliance avec mon élu,
j'ai juré à David ;
j'établis ta dynastie pour toujours,
je t'ai édifié un trône pour tous les siècles.

Lui m'appellera : « Mon père !
mon Dieu ! le rocher qui me sauve ! »
Et moi, je ferai de lui l'aîné,
le très-haut parmi les rois de la terre.

Pour toujours, je lui garderai ma fidélité ;
mon alliance lui sera assurée.
J'établirai sa dynastie à jamais,
et son trône pour la durée des cieux.

Si ses fils abandonnent la Loi
et ne suivent pas mon droit,
s'ils violent mes préceptes
et ne gardent pas mes commandements,
je punirai leur rébellion par la trique
et leur faute par des coups,
mais sans lui retirer ma fidélité
ni démentir mon alliance.

Je ne violerai pas mon alliance,
je ne changerai pas ce qui est sorti de ma bouche.
Une fois pour toutes, j'ai juré sur ma sainteté :
non ! Je ne tromperai pas David !
Sa dynastie durera toujours ;
et son trône sera devant moi, comme le soleil,
comme la lune, toujours là, solide,
en témoin fidèle dans les nues.

Psaume 89 (88) 2-5 ; 27-38

Dieu fidèle

Dieu est fidèle. Cela ne fait pas l'ombre d'un doute. Dieu est fidèle et la fidélité est l'expression même de son être, comme la bonté et la justice. Les juifs sont, d'une certaine manière, les « inventeurs » de la fidélité de Dieu. Un mot parmi d'autres exprime cette fidélité : amen. Notre Dieu est le Dieu de l'amen (Is 65,16). Amen ! Ce mot hébreu est difficile à traduire : il évoque la confiance, la foi, la possibilité de s'appuyer sur quelque chose de ferme, la sécurité, l'engagement dans le temps, le soutien à une vérité, l'acceptation d'un serment. La racine hébraïque désigne ce qui est exempt du mensonge, qui est solide, éprouvé.

Les juifs sont les « inventeurs » de cet amour de Dieu. Ils l'ont découvert à travers l'Alliance. L'Alliance est l'engagement réciproque de Dieu et de son Peuple. Elle exige que le Peuple soit libre. Libéré. Il n'y a pas d'Alliance entre un maître et un esclave. Le désert a rendu le Peuple libre. Là, il a accepté la charte de l'Alliance, charte de deux libertés qui s'engagent malgré leur différence. Si le Peuple est libre, c'est que Dieu l'a libéré ! *Je suis le Seigneur ton Dieu, qui t'ai fait sortir du pays d'Égypte, de la maison d'esclavage. Tu n'auras pas d'autres dieux que moi* (Ex 20,2-3).

Dieu est fidèle parce qu'il aime au point de rendre libre. De faire confiance. Au point aussi de s'estomper, de faire silence, de laisser la place. Le Dieu de la sortie d'Égypte est le Dieu du sabbat. Son engagement se manifeste aussi par le silence, le dégagement. Certes, il est présent dans le monde, mais il sait ne pas accabler de sa présence. Il est un rocher. Un rocher dans lequel on peut se cacher, se protéger, certes, mais désert. Il n'attire pas par autre chose que lui-même.

> *Je prends aujourd'hui à témoin contre toi le ciel et la terre : je te propose de choisir entre la vie et la mort, entre la bénédiction et la malédiction. Choisis donc la vie, pour que vous viviez, toi et ta descendance, en aimant le Seigneur ton Dieu, en écoutant sa voix, en vous attachant à lui ; c'est là que se trouve la vie, une longue vie sur la terre que le Seigneur a juré de donner à tes pères, Abraham, Isaac et Jacob.*
>
> *Dt 30,15-20*

Choisir la vie

Je pense que l'on ne trahirait pas le texte en traduisant : « Tu choisiras en te mettant dans la vie. » La réponse demandée au Peuple pour sceller l'Alliance est une réponse de vie. Au vivant, on ne peut se lier qu'en préférant la vie, c'est-à-dire en acceptant le mouvement. En particulier, on ne peut être fidèle au Dieu fidèle en pensant que d'un mal puisse sortir un bien. Dieu est fidèle. Mais l'homme ?

L'homme fidèle

L'homme est appelé à être fidèle. Il reçoit la force d'être fidèle. Mais sa fidélité, nous le voyons avec le Peuple de Dieu, ne va pas sans altération. Certes, à certains moments, le Peuple est fidèle. Rarement. À d'autres, il est fidèle parce que, au milieu de ses inconstances, il retrouve le chemin de l'Alliance. Non sans mal. Non sans que le Fidèle, Dieu, le sollicite, soit en lui faisant éprouver ce qu'est la vie sans lien avec l'auteur de la vie, soit qu'il lui envoie des prophètes qui dénoncent ce qui est obstacle à la vie. Ces prophètes, souvent dans leur vie familiale, dans leur propre chair, montrent que l'abandon de Dieu conduit à la division et à la mort.

Choisir la vie ? Comment ? S'il s'agissait d'être inerte pour être fidèle, ce serait possible, peut-être ! Mais il faut être vivant avec la vie ! Comment discerner dans le chaos politique ou personnel, le chemin que l'on doit suivre ? Il est nécessaire de discerner dans les événements d'où vient le véritable danger et de s'en tenir coûte que coûte à la confiance en Dieu. Pour le juif, il existe quelque chose qui dépasse sa vie, qui dépasse la nécessité d'établir un lien social de qualité. En fait, ce « quelque chose » est quelqu'un, c'est Dieu. À vrai dire, ce choix exclusif est la spécificité de la fidélité d'Israël (et la cause probable de sa persécution est ce choix qui le conduit à relativiser tout autre lien que celui qu'il entretient avec Dieu).

Au cœur des hommes du XXe siècle, le spectacle du juif protégeant les rouleaux de la Torah à n'importe quel prix, dans les ghettos assiégés par les nazis, est un des plus grands signes de la fidélité des juifs à la source de leur vie : la Torah et l'Alliance. Pour nous chrétiens, Jésus le Christ a incarné cette fidélité. Il est l'Amen véritable (Ap 3,14).

Le Serviteur

Mais, avant Jésus, malgré de notables exceptions, le Peuple n'arrive pas à être fidèle... Et il connaît presque la mort. Isaïe essaie de le ramener à la vie : cet Amen total, ce oui total et fiable au Père, avait été annoncé dans le Premier Testament. Celui-ci présente un personnage – le Serviteur – symbolique du Peuple, capable d'être l'Amen de l'humanité parce que Dieu a mis en lui sa force. Il est fidèle à sa mission, quelles que soient les épreuves qu'il doit traverser.

Fort grâce à l'Esprit de Dieu (Is 42,1-9), il est un roc, son visage devient pareil à celui de Dieu. Solide !

> *Le Seigneur Dieu m'a ouvert l'oreille, et moi, je ne me suis pas révolté, je ne me suis pas dérobé. J'ai présenté mon dos à ceux qui me frappaient, et mes joues à ceux qui m'arrachaient la barbe. Je n'ai pas protégé mon visage des outrages et des crachats. Le Seigneur Dieu vient à mon secours ; c'est pourquoi je ne suis pas atteint par les outrages, c'est pourquoi j'ai rendu mon visage dur comme pierre : je sais que je ne serai pas confondu.*
>
> *Is 50,5-7*

Ce Serviteur est, pour Isaïe, la personnification du Peuple de Dieu tout entier. Les chants qui parlent de ce Serviteur sont écrits probablement en exil, alors que le Peuple est déchiqueté. Le prophète Isaïe voit dans son Peuple « l'élu de Dieu », en qui Dieu a mis son Esprit (Is 42,1). Il annonce son triomphe, son exaltation (Is 52,13), alors même qu'il semblait exclu de l'humanité… *En fait, ce sont nos souffrances qu'il portait, nos douleurs qu'il supportait* en étant entraîné à la mort comme un agneau (53).

Ce Serviteur, symbole du Peuple, les chrétiens en feront le personnage annonçant la Passion du Christ. La fidélité du Christ. Dieu est fidèle, le Christ est fidèle… mais nous ?

> *Moi Paul, Apôtre du Christ Jésus par la volonté de Dieu, je m'adresse à vous, les membres du peuple saint qui êtes à Éphèse, vous les fidèles dans le Christ Jésus.*
>
> *Ep 1,1*

Fidèles, nous ?

D'ailleurs, est-ce possible d'être fidèle aujourd'hui ? Fidèle à quoi ? La fidélité dans un monde qui bouge n'est-elle pas aveuglement ? Notre temps n'est-il pas celui de l'éphémère ?

Lorsque les coutumes d'une société stable déterminent des chemins faciles à répertorier, l'engagement est un choix que cette société aide à porter. Mais quand tout change ? Mais quand notre espérance de vie augmente et que nous changeons nous-mêmes ? Mais quand nous consommons et jetons ensuite ? Quand il devient normal de ne pas se souvenir de ce que l'on a reçu et que l'ingratitude semble être un devoir ? Mais quand il convient de voyager entre les civilisations, les pays, les Credo ?

Beaucoup d'époux ne savent plus ce qu'est la fidélité (beaucoup le savent aussi) et les vocations sacerdotales se tarissent ; les engagements semblent difficiles. Être fidèle, pourtant, ne consiste pas à être fixiste : d'une certaine manière, Dieu est fidèle à l'homme en étant à la fois hors du temps et dans le temps, et l'homme est fidèle lorsqu'il reçoit de Dieu la foi – la confiance – et s'y accroche avec tout son cœur. La fidélité n'est pas un problème psychologique, c'est un engagement « surnaturel » qui dépasse la nature humaine en s'accrochant à l'Amen du Christ.

Saint Jean emploie un verbe pour parler de la fidélité : demeurer. Israël est un peuple de nomades. Et il sait qu'il ne peut rester en place. Il doit avancer. Se confronter à l'inconnu. Mais il sait aussi que le Seigneur est son Pasteur et que lui, le nomade, a une maison où il peut demeurer, la maison de Dieu.

> *Le Seigneur est mon berger : je ne manque de rien.*
> *Sur des prés d'herbe fraîche, il me fait reposer. Il me mène vers les eaux tranquilles*
> *et me fait revivre ; il me conduit par le juste chemin pour l'honneur de son nom.*
> *Si je traverse les ravins de la mort, je ne crains aucun mal, car tu es avec moi : ton bâton me guide et me rassure.*
> *Tu prépares la table pour moi devant mes ennemis ; tu répands le parfum sur ma tête, ma coupe est débordante.*
> *Grâce et bonheur m'accompagnent tous les jours de ma vie ; j'habiterai la maison du Seigneur pour la durée de mes jours.*
> *Ps 23 (22)*

Il est la vigne, mais, si nous demeurons en lui, nous porterons beaucoup de fruit.

Jésus lui répondit : « Si quelqu'un m'aime, il restera fidèle à ma parole ; mon Père l'aimera, nous viendrons chez lui, nous irons demeurer auprès de lui. »

Jn 141,23

Comment être fidèle ?

La question est repoussée. Nous ne savons pas si nous pouvons être fidèles. Nous pouvons essayer d'aimer le Christ, d'écouter sa Parole, même s'il n'est pas facile de la mettre en pratique fidèlement. Aujourd'hui, aucune grande institution n'y aide vraiment. Même l'Église. Non pas que l'Église n'en ait pas les moyens, mais notre mobilité, les déplacements que nous faisons, physiques ou médiatiques, nous empêchent souvent de puiser à cette source : lorsqu'on regarde la télévision trois heures par jour ou plus, quand on se sert du net plus d'une heure par jour, ce que transmet l'Église de la Parole de Dieu entre en concurrence en nous-mêmes avec bien d'autres choses et a du mal à percer à jour.

Je ne prétends pas ici décrire un chemin obligatoire, mais seulement donner des pistes humaines qui puissent rendre capable d'accueillir la Parole et ensuite de lui être fidèle dans notre monde.

Le chemin passe par nous-mêmes. On ne peut pas être fidèle « en force », « contre soi ». Nous ressemblons presque tous à des livreurs de pizza : la tête baissée, nous fonçons dans la vie pour faire tout ce que nous croyons avoir à faire... Nous fonçons sans prendre le temps d'être nous-mêmes, de savoir qui nous sommes. La fidélité suppose la vie, l'acceptation de la vie, la connaissance de soi-même pour savoir évoluer.

Paradoxalement, savoir qui on est demande à la fois du silence, du retrait, voire de l'ennui et, surtout, de véritables rencontres. Celui qui visite un musée peut passer vite et littéralement ne rien voir, ne pas se laisser toucher, ne pas rencontrer l'œuvre. Un ami, une notice, un détail qui le frappe, et voilà que l'œuvre se met à parler et que, la découvrant, il se découvre. Nous passons dans nos vies sans voir les richesses qui nous entourent et sans nous connaître. Nous pouvons aussi lire toute la Bible sans qu'elle pénètre en nous. Il est nécessaire d'apprendre à lire, d'apprendre à s'arrêter, de dialoguer intérieurement et de trouver son identité.

Il peut même arriver que l'on se découvre chrétien dans la discussion avec des personnes d'autres religions ou profondément athées, comme il arrive que l'on se découvre Français lorsque l'on est à l'étranger. L'exemple du séjour à l'étranger attire l'attention sur une condition essentielle pour se découvrir : accepter de se confronter au silence, au vide, au manque de communication facile, à l'autre.

Le chemin passe par l'événement. L'imprévu. Personne ne peut être lui-même sans s'affronter à l'imprévu. Il est facile de rêver le monde, les autres, nous-mêmes. L'imprévu vient nous solliciter et nous permet de découvrir ce que nous sommes en réalité. La plupart d'entre nous essayons de prévoir, de nous assurer ou d'éviter l'événement. La télévision peut nous faire croire que nous sommes constamment soumis aux nouvelles, et que nous sommes du côté des « bons » puisque nous nous indignons devant ce qui est mal.

Mais nous pouvons commuter. Dans le meilleur des cas, nous pouvons être heureux d'avoir partagé une émotion collective… Mais nous pouvons rester comme avant. Quelquefois un peu plus peureux ou un peu plus libérés mais, tout compte fait, comme avant. Nous avons une propension à ne pas changer. Or, la Parole de Dieu est toujours une invitation à vivre dans le monde tel qu'il est, à incarner l'amour de Dieu dans la réalité, à accepter sans cesse de vivre la fidélité dans l'évolution ou même le changement brusque. Mère Teresa est une enseignante qui a déjà beaucoup donné. Elle voyage dans un train. Voit des mourants et change de vie. La fidélité, parce qu'elle est vie, demande à vivre.

Le chemin passe par l'amitié

Par l'acceptation d'un regard sur moi empreint de vérité, de désir de me voir grandir et de capacité à aborder des questions que je garde secrètes. Quand je dis aborder, je ne dis pas forcément dans des discussions. Une grand-mère peut « comprendre » ce qu'elle ne connaît pas et permettre ainsi de prendre conscience de soi. La grand-mère en question est simplement (si j'ose dire) témoin de la valeur de mon existence et des enjeux de mes choix. Il n'est pas possible de chercher à aimer le Christ et de lui être fidèle sans savoir un peu ce qu'est l'amitié, c'est-à-dire sans accepter une relation humble où, même si je fais mon cinéma, je sais que je ne joue pas la comédie. Il n'est pas possible de découvrir Dieu si l'amitié ne m'a pas appris que je ne suis pas Dieu et que je n'ai pas à attendre des autres qu'ils soient Dieu. Et ce qui est vrai avec Dieu l'est analogiquement avec ceux qui m'entourent.

Le chemin passe par la patience et le pardon

Saint Paul insiste pour faire comprendre que Dieu est un juste juge et qu'il défend le bien, non en condamnant les méchants, mais en faisant tout pour qu'ils deviennent justes. Je ne nie pas le péché. J'aurais tort. Mais on en parle beaucoup trop lorsqu'on oublie que Dieu est plus fort que notre volonté de rupture. La vérité de la Résurrection agit en nous contre tout ce qui est mortifère.

Mais Dieu prend son temps. J'aime la parabole de l'ivraie (Mt 13,24-30). Elle invite à ne pas tirer précipitamment des conclusions de jugements rapides, mêmes exacts. Ce n'est pas à nous de juger (je sais que cela est difficile), d'autant plus que je soupçonne toujours le Maître de la parabole de penser qu'il arrivera finalement à changer l'ivraie en bon grain.

Comment être fidèle sans s'inspirer du Maître de la parabole ?

Le chemin passe par l'action de grâce

Celui qui râle tout le temps s'empoisonne la vie, et celle des autres. Le chemin de la fidélité n'ignore pas les désagréments, et encore moins les trahisons ! Mais, pour autant, il sait regarder ce qui est bien, ce qui est beau. Il sait le faire avant de finir par croire que tout est mauvais dans la Création ou chez une personne. Le désespoir, l'infidélité naissent toujours d'une sorte d'incapacité à élargir son horizon au point de prendre en compte aussi le soleil, la vie, la volonté, même défaillante, de faire bien.

Au cœur de la vie chrétienne, l'action de grâce, l'Eucharistie, nous entraînent à ce regard positif.

Le chemin passe par la communauté

Et ce chemin est difficile aujourd'hui, parce que la communauté n'est pas évidente. Mais, pour être soi-même, chacun a besoin de symboles qui expriment qu'il est dans un monde où il a sa place ; pour être fidèles, nous avons besoin d'être reliés dans le temps à ceux qui nous ont précédés et, dans le présent, à ceux qui nous entourent. Dans notre société sécularisée, pressée, nous avons tendance à minimiser ce besoin fondamental. Les repas où les fêtes familiales peuvent avoir cette fonction. Les cérémonies patriotiques l'ont eue. Certaines fêtes, comme celle du 14 Juillet, aussi. C'est le sens même de la liturgie que d'offrir ce lien symbolique au monde. Il faut reconnaître que, dans certains cas, elle n'arrive pas à le faire, parce qu'elle n'arrive pas à rassembler en vérité.

La fidélité est un don

Il est bon d'essayer de parcourir ces chemins. Ils peuvent être d'une grande utilité. Peuvent-ils nous donner la fidélité ? Je ne le pense pas. La fidélité n'est pas l'aboutissement d'un processus, d'une action, ni même la mise en œuvre d'une vertu, elle est une qualité de l'être. Il n'y a pas d'explication à la fidélité. Dieu est fidèle parce qu'il est. Sa fidélité est première. Simple. La fidélité n'est pas d'abord la qualité de la relation avec un conjoint, l'obéissance à une règle, une place donnée à la mémoire, la concordance avec soi-même, la conséquence de la foi. La fidélité est en Dieu. C'est elle qui explique, c'est elle qui est la cause de l'amour, de l'obéissance, de la pratique, de la vérité, de la foi. Elle est première. Absolument première. La fidélité n'est pas le fruit de la volonté. C'est la volonté qui découle de la fidélité. La fidélité est un don.

J'ai lu beaucoup de moralistes à propos de la fidélité conjugale. Certains sont excellents. Xavier Lacroix est l'un d'eux. Il rappelle, avec force, que le lien conjugal est d'abord un don : la rencontre de deux personnes, de deux désirs, de l'émerveillement. Mais, pour lui, ce lien, même s'il est donné, doit être aussi fruit de la volonté, même s'il sait que la volonté ne peut pas tout, qu'elle doit être alimentée, qu'elle s'affronte à bien des obstacles et d'abord à celui d'être deux. Enfin, pour lui, le lien conjugal a besoin d'un art de vivre, une capacité de dire oui ou non au bon moment, de demander, de recevoir, de donner, de parler, de se taire, de trouver la bonne longueur d'onde avec les enfants, la manifestation de la tendresse et du plaisir, de savoir accueillir.

Tout ceci est bel et bon. Mais la fidélité demeure difficile ! Xavier Lacroix aime citer Jacques Lacan : *Pour que le couple tienne sur le plan humain, il faut qu'un dieu soit là* (Séminaire, Livre II). L'homme et la femme ne peuvent pas trouver seuls le chemin de la fidélité. Il faut que Dieu soit là et leur révèle explicitement ou implicitement que leur être profond, comme le sien, est fidélité. Ils ont été créés comme cela, images de Dieu, et Dieu leur donne les moyens de faire passer de l'image à sa ressemblance.

Par lui, avec lui et en lui
À toi, Dieu le Père Tout-Puissant,
Dans l'unité du Saint-Esprit,
Tout honneur et toute gloire.
Amen.

Ce dialogue, à la fin de la prière eucharistique, est poignant. L'Église vient de prier l'Esprit Saint de faire que le pain et le vin soient corps et sang du Christ et que la communauté vive en réelle communion avec Dieu et en elle-même. À l'évidence, cette prière pour l'unité concerne nos fidélités. Les mots du prêtre permettent à l'ensemble des fidèles d'exercer leur ministère « sacerdotal » de baptisés en répondant « Amen ! ».

Amen

Cet Amen est sacramentel. Le mot *sacramentum* en latin traduit en langage d'Église le mot « mystère » en grec, et est à l'origine de deux mots français : sacrement et serment. Le philosophe Alain définissait ainsi la fidélité : *Vertu parente de la foi : car toute fidélité suppose que l'on veuille croire ce dont on pourrait douter. C'est ainsi qu'une mère est fidèle à son enfant quoi qu'il fasse. L'amour fidèle suppose un serment à soi* (*Définitions*).

Je retiens ici le mot serment. La fidélité est l'expression d'une sorte de serment d'être soi-même pleinement homme. Pleinement femme. Cela dit, nous savons que nous ne pouvons pas arriver à être nous-mêmes par nous-mêmes. C'est là qu'intervient la notion de sacrement. L'origine du mot se trouve dans le serment sur sa vie de dire la vérité, prononcé au début des audiences de justice. Le *sacramentum* était à la fois le serment et la caution que l'on devait déposer avant de faire ce serment. Celui qui était convaincu de mensonge se voyait confisquer sa caution, qui servait alors à sacrifier un animal en ses lieu et place. Le *sacramentum* était la caution de celui qui n'était pas capable d'honorer son serment.

En régime chrétien, Dieu fidèle s'engage. Nous nous engageons par serment à être fidèles, puisque c'est notre être profond, et le Christ est notre caution. C'est lui qui meurt pour notre incapacité à être fidèles, afin de nous apprendre petit à petit à être ce que nous sommes. Un jour, purifiés par le Christ de toutes les scories qui nous empêchent d'être nous-mêmes, nous pourrons vivre ensemble dans la fidélité. *Et ils disaient : « Amen ! Louange, gloire, sagesse et action de grâce, honneur, puissance et force à notre Dieu, pour les siècles des siècles ! Amen ! »* (Ap 7,9-12).

La distance entre l'Amen de la messe dominicale et l'Amen final de l'histoire humaine peut sembler énorme. Elle l'est assurément. Et la nier serait dangereux : qui fait l'ange fait la bête ! Nous ne pouvons pas nier nos limites, nos aveuglements et notre péché. Mais elle est franchissable. Parce que Dieu nous donne son Esprit, sa grâce, pour permettre de la franchir et de devenir enfin tels que nous sommes ; saint Thomas d'Aquin affirme : *La grâce ne supprime pas la nature mais la perfectionne* (S. T. In qu 1. 8).

La grâce nous rend à nous-mêmes, non pas de manière magique, mais en faisant découvrir le chemin du pardon, du courage, de l'espérance, du partage. Chaque Eucharistie totalement vécue est une acceptation de la réalité – Dieu vient à notre rencontre dans notre monde, dans notre actualité, dans nos drames, dans nos lâchetés – mais elle est aussi refus de la fatalité. Nous y célébrons la victoire de l'Amen final. De notre victoire dans le Christ.

> *Et celui qui témoigne de tout cela déclare : « Oui, je viens sans tarder. » Amen ! Viens, Seigneur Jésus ! Que la grâce du Seigneur Jésus soit avec tous les hommes.*
>
> *Ap 22,20-21*

Questions

- Avez-vous déjà éprouvé la fidélité de Dieu ? Comment lui avez-vous répondu ?

- Avez-vous déjà été fidèle au-delà de ce qu'humainement vous vous croyiez capable de faire ?

- On appelle souvent les chrétiens des « fidèles », que pensez-vous de cette qualification ? À quoi vous invite-t-elle ?

- Au cours de ce parcours, avez-vous fait des découvertes sur Dieu ? Et sur vous ?

- Au cours de ce parcours, avez-vous pu mettre des mots sur des expériences dont vous n'arriviez pas à rendre compte ? Avez-vous perçu de nouveaux appels ?

Conclusion

Voici le moment de conclure. Notre parcours a reposé sur une conviction : il est aussi difficile aujourd'hui de se comprendre soi-même que de comprendre ce que l'on dit lorsque l'on parle de Dieu. D'une certaine manière, plus nous écoutons la voix de Dieu à travers les Écritures, plus nous découvrons l'immense richesse du Christ, plus nous explorons nos expériences humaines et leur richesse. Jésus est un homme comme les autres. Mais le fait que cet homme comme les autres soit Dieu nous apprend beaucoup sur ce dont notre nature est capable… Mais le fait qu'il soit Dieu nous apprend beaucoup sur Dieu.

Il semble, au terme de ce parcours, que nous soyons invités à vivre humainement la liberté de Dieu et, pour cela, accepter de nous laisser libérer, non seulement de notre péché, mais de notre pusillanimité (à ne pas confondre avec l'humilité). Être libre, c'est accepter d'être ce que nous sommes et entendre Dieu nous dire :

Vous êtes comme des dieux.

Et de répondre Amen !

Table

Achevé d'imprimer le 20 février 2012
sur les presses de
La Manufacture - *Imprimeur* – 52200 Langres
Tél. : (33) 325 845 892

—

N° imprimeur : 12077 - Dépôt légal : mars 2012
Imprimé en France

Composition et mise en pages réalisées par
Compo 66 – Perpignan
458/2012

Pour être informé des publications
des Éditions Desclée de Brouwer
et recevoir notre catalogue,
envoyez vos coordonnées à :

Éditions Desclée de Brouwer
10, rue Mercœur
75011 Paris

Nom : ....
Prénom : ....
Adresse : ....
....
Code postal : ....
Ville : ....
E-mail : ....
Téléphone : ....
Fax : ....

Je souhaite être informé(e) des publications
des Éditions Desclée de Brouwer